THE ESSENCE OF BUDDHISM

佛教的本質

《佛教哲學與大手印導引》

查列嘉貢仁波切

噶瑪策凌御準 中譯

謹以此中文版呈獻
尊聖的第十七世大寶法王噶瑪巴 鄔金欽列多傑
查列嘉貢仁波切乘願再來
願佛法昌榮興盛

目錄

The Karmapa

第十七世大寶法王噶瑪巴序

西藏佛教獨特的傳統發展已逾千年，產生了許多的偉大修行者，他們雖然處於艱困的環境，通常都在偏遠地區，但終其一生專注於修行。雖然從這些修行者引生出許多的傳承，然而所有這些傳承的修持，其本質與結果都是相同的。

查列嘉貢仁波切是噶舉傳承的一位重要上師。查列傳承可以追溯到岡波巴大師著名的弟子薩東肖岡，他是著名「康巴三傑」之一。查列仁波切是此傳承的第九位轉世祖古。傳統上，該傳承持有者是西藏康地結古鎮附近噶瑪噶舉偉大寺院－創古札西卻林的住持。

查列嘉貢仁波切運用他流利的英語，以及多年在西方教學的經驗，撰寫此書。他不僅能直接與西方學生溝通，並且對西方的生活與思想有深刻、寶貴的見解。他寫的這本西藏佛教哲學與修持導讀的書，清楚明白且易懂，並強調一些西方學生特別感興趣的問題。

我希望這本書對於懂英語的修行者能有幫助,同時對其他想深入探討佛法的人,也能提供充分的信息。

第十七世噶瑪巴 鄔金欽列多傑
上密院 達蘭沙拉 印度 2010 年 9 月

Sogyal Rinpoche

索甲仁波切序

過去五十多年來，佛法的修學在世界各地蓬勃發展。尤其是在西方國家，愈來愈多人生起了追循佛道的深厚興趣，而且全心真誠地接受佛陀法教。

無論我們選擇將佛教看作是世界上的一種偉大宗教、一種心智科學或只是一種生活的方式，它所提供的，很清楚地是今日世界迫切急需的——或許是前所未有的。我們在科學與工藝上的所有進步，以及它們所帶來的利益，不保證能提供持久或究竟的快樂。相反地，我們愈是進步，我們似乎變得愈是沮喪、焦慮、好鬥與匆促。依我個人在西方國家生活與教學的經驗，我發現佛法非常實用、有力量，它能解決我們許多根深蒂固的問題。現今對於這類協調生活挑戰，尋求快樂，以及了解並轉化心的方法，在各地有著確實且漸增的渴求。

西藏佛教的智慧是一種鮮活的經驗，是直至今日

不間斷的傳承。在西藏一千兩百年的歷史，幾乎是完全致力於一項追求：即經由心靈修持的心智訓練。當西方世界藉由科學與工藝來掌控外在世界時，在「實驗室」中，也就是在喜瑪拉雅山區的寺廟與隱居處，西藏人則利用如同科學般精準與嚴謹的一套方法，來完善心靈的「內在科學」。今日這些古老的教法為無數人帶來益處，而且同樣受到科學家、哲學家以及宗教領袖最高的崇敬。

在西藏佛教傳統中，沒有比達賴喇嘛尊者更偉大的代表，他孜孜不倦地探討佛法如何貢獻社會福祉。尊者一再地強調有關智慧與慈悲的教法對現代生活的重要性。若要使佛陀在兩千五百年前所說的話，在今日能有真實且持久的利益，這些教法就必須要在不失去任何力量與真實的狀況下，與人們的生活銜接，這非常重要。佛陀的法教浩瀚無邊，因此毫不奇怪地，當我們初次接觸佛法，並且當我們開始遵循法道時，定會生起疑問。缺乏說明與闡釋，深層的教法涵義通常會被隱藏在文詞或文句之後，這是為什麼書，例如你手上持的這本書，是如此有價值與重要的原因。

很少有人能比查列嘉貢仁波切更適合來傳達西藏佛教豐富文化的本質。仁波切在第十六世嘉華噶瑪巴指導下，接受了完整的佛學教育。他在西方國家實際生活多年，並經常與他人分享他對佛法精闢的理解。在這本書中，他從噶舉派（西藏佛教四個主要教派之一）的觀點，陳述了關於法道深刻且引人入勝的概述。

噶舉傳承被譽為實修傳承，數百年來直至今日，產生了無數偉大的聖者。這是密勒日巴的傳承，密勒日巴是西藏偉大的瑜伽士與聖者，他在一世中獲致證悟。其生平傳記與證道歌，千年來激勵與啟發了數以百萬計的修行者。

查列仁波切以西藏的傳統，解說三乘的教法與修行，這從佛陀所有教法的基礎四聖諦開始。同時，預期讀者可能會產生某些疑問，為避免誤解，他在教法的某些最根本的面向上，給予了善巧的指引與說明。他鼓勵我們檢視那些我們可能不自覺就帶入佛教修行道上根深蒂固的看法，與文化上的主觀設想，並且反思做為一位心靈修行者的真正意義。

雖然本書涵括的範疇非常廣泛，但查列仁波切從不會讓我們忘記所有佛陀教法的重點與究竟義理：為自己與他人找到痛苦的根源，並帶來持久的安樂是可能的；而達到此的唯一道路就是去了解、調伏並且轉化我們的心。這轉化過程的核心即是禪定的修習，從寂止與勝觀的基本方法到大手印的最高教法。大手印教法直接引導認知心的真實本性，我們每一個人本自具有的根本清淨覺知。

查列仁波切以如此完整且深入淺出的方式，呈現出佛陀教法的本質，幫助了所有想要更進一步學習藏傳佛教，或深化學習與修行的人。我覺得非常感動與歡喜。祈願任何讀過此書的人，都能有新的理解與啟發，並且

能迅速、無有障礙地在法道上前進，直至證悟。

索甲仁波切 2010 年 2 月

Karmé Yiong Drupde Samten Ling

堪布卡塔仁波切序

　　神通自在的成就者薩東肖岡，是無匹岡波巴大師三位主要獲得成就的康巴弟子之一。他轉世為第一世查列仁波切尼瑪扎西菩薩，一直到至聖第九世噶瑪殿巴惹傑欽列尼美格洽，每一世都是悲智力的體現。由於時代所需，第九世查列仁波切在西方行無上佛行事業，尤其對西方的心理學極有研究。他所著作的許多佛法書籍中，這本書指出佛法的精髓，對於三乘佛法有明白易懂的解釋，易於修行，正符合這個時代的需要，因此我請弟子策凌卻準將英文原著譯成中文。在此感謝她。具有傳承的上師的加持，肯定能進入閱讀此書的人心中，因此請大家歡喜的閱讀。

堪布卡塔敬書

作者序

今日市面上有大量優質的書籍，在十年前情況並非如此，因此看來似乎並不需要另一本佛法導論的書。然而，經過一番思考，我認爲一本從西藏佛教歷史第二古老的噶舉派觀點，向一般大眾介紹藏傳佛教的書，或許還有存在的空間。我覺得一些佛法導論的書不是過度簡單，就是過於學術性而無法讓初步接觸佛法的人立刻了解。更且，我尚未見到能有一本入門書，將西藏佛教三乘的教法，以易於理解的方式，介紹給對佛教完全陌生的人，甚或有經驗的學生。身爲作者，我必須面對應該提供多少詳細資料的難題。我盡力維持這個困難的平衡，讓此書內容既不過度淺顯，也不過度龐雜而不易理解。

此書 — 以我在澳洲、歐洲與美國的教學爲基礎 — 共分爲三個部分，每一部分闡明三乘教法之一種。第一章到第四章介紹早期佛教的基本原則，詳細討論四聖諦的教法與佛法戒、定、慧的訓練。第四章探討業報與轉世，這是傳統西藏佛法的中心特點。

第二部分探討大乘經教與密續的教法，討論我們必須要克服的是哪一類的障礙、阻礙與煩惱，要使用哪些方法來克服它們，以及運用這些對治法之後的結果。這裡所描述的是，從經教與密續修行開展道次第的觀點。

最後部分致力於教法與禪修，這是三乘體系的最高點，從大手印傳統的觀點出發，超越密續本身。

我希望這本書對初步接觸佛法的人有用處，對經驗豐富的佛教徒也能有幫助。在我心中，只要有一個人因為讀了此書而心轉向法，我就覺得已受到充分的回報。

致謝

　　感謝我所有的學生，讓我有機會對他們講述並討論此書談到的題目。我始終覺得教學是學習佛法最好的方式，教授佛法與從當代大師處領受佛法，一樣的有益及有利。我所知道的佛法，都是從印度大吉嶺桑噶卻林寺（密咒法林寺 *Sangnag Choling Monastery*）的堪布索達（*Khenpo Sodar*）與堪布諾揚（*Khenpo Noryang*）學習得來。我要感謝 *Deirdre Collings* 與 *Vyvyan Cayley*，他們幫助籌備此書的出版。我也要感謝 *Samuel Bercholz* 的啟發與鼓勵，以及 *Kendra Crossen Burroughs* 卓越的編輯工作。還有，我感謝香巴拉出版公司讓這本書能夠問世。

中文版引言

　　第九世查列嘉貢仁波切是一位偉大的佛法上師。在他非凡的一生中（1955–2012），致力傳揚清淨佛法於世界各地，尤其是在西方。仁波切自幼接受西藏佛教噶瑪噶舉傳承與高階轉世祖古傳統且嚴謹的教育。仁波切深入涉獵西洋哲學與心理學，同時也徹底了解世界的主要宗教。仁波切結合熟練運用英文的能力，以深入淺出，讓人易於理解，且實用的方式，向成千上萬的人傳授甚深佛法。此中譯本所呈現的教法，讓讀者能將佛教的哲學直接融入他們日常生活中。

　　仁波切開始撰寫《佛教的本質》（*Essence of Buddhism*）時，並不希望僅只是寫另一部佛法導讀的書，也不希望寫些不必要的複雜理論，使讀者困惑。在這本書中，仁波切對佛法哲學的根本面向提出了透徹的解說，讓初接觸佛法的新學生能夠容易了解，並且提供充分的深度，使有經驗的學生也能培養更多的理解。

　　在這本書中，仁波切闡釋佛教三乘的體系、大手印禪修與殊勝瑜伽密續，並從個人的態度與方法探討佛教其他方面的觀點。仁波切解釋培養關懷與慈悲態度的重要性，而智慧，修道的另一面向，則來自於了解自他無別。

仁波切詳細解説佛法哲學，並強調修道上進展、持有正見、持戒以豐盈個人的重要性。查列仁波切獻身學術研究的精神，以及出色的溝通能力，將佛法生動地帶給所有幸運接觸到他教學的人。我衷心祈願所有閱讀此書的人都能獲得無盡的利益。

中文版致謝

感謝美國紐約州屋士達鎮「噶瑪三乘法輪寺」住持堪布卡塔仁波切的鼓勵，提議促成這本書翻譯為中文，並推薦他的弟子噶瑪策凌卻準為中譯者。感謝中譯者極大的奉獻，著手此重要且具挑戰的翻譯工作，她的縝密與敬業，保存了第九世查列嘉貢仁波切著作的義涵與目的。我祈願堪布卡塔仁波切佛法事業持續光大、健康長壽。我也要感謝方廣文化事業有限公司與香巴拉出版公司的支持贊助，將這本書帶給世界各處的華人佛教修行者。

查列康卓 第九世查列仁波切的妻子、亦是虔敬的學生

查列嘉貢仁波切略傳

　　第九世查列嘉貢仁波切（*1955–2012*）一生在世界各地，傳授了數量極為可觀，深具真知卓見，與佛教相關的實用教法。他以博學多聞，英文流利，熟稔西方心理學與比較宗教學的背景而著名。仁波切尤其擅長與興趣、年齡、背景迥異的人們溝通共事，因而受到尊敬。查列仁波切擁有傳統嚴謹的佛學訓練，以及完整的西方教育，並具有澳洲墨爾本拉籌伯大學的學位。

　　查列嘉貢仁波切一九五五年出生於西藏東部囊謙地區，兩歲時受第十六世大寶法王認證為第九世查列祖古，隨即舉行莊嚴隆重的坐床典禮，成為西藏康區創古扎西卻林大寺院的首要住持，並授予「嘉貢」（意即「怙主」）的頭銜，目前只有少數西藏佛教傳承持有者能保有此重要殊榮。五歲時，由於時局動盪，仁波切離開家鄉，流離到不丹，最後到第十六世大寶法王在印度錫金的隆德寺，在那裡他與噶舉各法脈的年輕祖古一齊接受大寶法王的教導。數年後，仁波切到大吉嶺桑噶卻林寺，在竹巴噶舉攝政突謝仁波切（*H.E. Drugpa Thugsey Rinpoche*）座下，接受堪布諾揚（*Khenpo Noryang*）與堪布索達（*Khenpo Sodar*）的特別教導達數年之久。其間，第十六世大寶法王特派同樣來自創古寺的喇嘛貢噶（後為蘇格蘭桑耶林三年閉關的指導上師、美國聖地牙

哥噶舉三乘中心常住上師）前去教導仁波切噶瑪噶舉儀軌修持法。十六歲時，大寶法王噶瑪巴派仁波切到瓦拉納西梵文大學，在該處三年的時間，他與西藏佛教四大教派的堪布與格西們一齊學習。之後仁波切和多位創古寺的年長喇嘛（包括堪布卡塔，目前是紐約屋士達鎮噶瑪三乘法輪寺住持）負責管理東不丹桑多巴瑞佛學院（*Zangdog Palre* 蓮師銅色吉祥山）。仁波切二十二歲時回到錫金大寶法王身旁，並繼續從多位成就的寧瑪與噶舉上師學習。

一九八零年，二十五歲的查列仁波切來到澳洲，兩年後成立了佛教學習中心網，包括在墨爾本的噶舉 *E-Vam* 佛教學苑（*Kagyu E-Vam Buddhist Institute*），希爾斯維爾（*Healesville*）的彌勒禪修中心（*Maitrepa Contemplative Centre*）與雪梨的耶謝寧瑪中心（*Yeshe Nyima Centre*）。之後，仁波切在紐約與紐西蘭也成立中心。此外，仁波切還遠到世界各地如歐洲、美洲與東南亞講授佛法。

查列嘉貢仁波切的著作包括《佛教的本質》（*Essence of Buddhism*）、《自在的心》（*Mind at Ease*）、《修心》（*The Practice of Lojong*）與《業力》(*Karma*) 由香巴拉出版公司出版，以及一系列由噶瑪三乘法輪寺出版社與香港創古出版社出版，包括《岡波巴四法》等書。

查列祖古傳承是西藏噶舉傳承重要的一支，可以追溯到薩東肖岡，他是噶舉傳承祖師達波拉傑（岡波巴 *1097-*

1153）五大親近弟子之一。薩東肖岡與帕莫竹巴及杜松欽巴三位史稱「康巴三傑」。只有這五大弟子同時領受完整的金剛乘與大手印口傳教法。第九世查列嘉貢仁波切示現在家瑜伽士身相。下一世查列祖古，第十世查列嘉貢仁波切，將承繼他傳統的地位爲西藏創古扎西卻林寺院寺主，與他在西方國家所成立佛教中心網的會長與精神導師。詳情請參閱 *www.TralegRinpoche.org*。

THE ESSENCE OF BUDDHISM

佛教的本質

《佛教哲學與大手印導引》

1

基本教義

《四聖諦與八正道》

在這本書中，我們將審視佛教傳統的各個面向，特別是佛法如何發展成為哲學。如此，我們可以得到一個完整的佛法概念。由於藏人所修習的佛法，本身不是依據佛教的某一個特殊宗派，而是從許多不同的傳統中，結合多種的修持方法與哲學思想而成。在佛教中這些被稱為「三乘」（*three yanas*），梵文的「乘」（*yana*）是指精神、宗教的車乘，能將一個人從輪迴的狀態帶到涅槃的自由。

藏傳佛教或許會強調某方面的大乘佛教，但並不表示他們就不修持任何方面的「上座部」佛法，如我們在泰國、斯里蘭卡與其他國家所見到的。有些人覺得藏傳佛教與那些國家所修持的佛教沒有關聯，但事實上，藏傳佛教包含所有佛陀教法的要素，我們在世界各地所能找到的一切，譬如說，我們可以在藏傳佛教中找到禪宗的成分。

佛陀的覺醒

　　佛陀於兩千五百年前創立佛教。我們所知道的佛陀，不僅已親見諸法實相，而且對人道的本質得到甚深的洞見。他並未宣稱自己是某種高等存有者的轉世，他不是某一類信使，他更不曾宣說自己是某些高等實體與人之間的媒介。他是一個平凡的人，經由禪定的修持，清淨了自心，因此生起證悟，如實地見到了諸法本質。而且佛陀說：這種能力是每一個人都可以開展的。

　　在佛陀的時代，有些人宣稱只有那些具有特定社會地位，為天神准許的人，才可以追求較高的宗教目標，而其他次等者不具有這種能力。另有一些人說，男性可以追求靈性的發展，而女性則缺乏這種能力。佛陀說：宗教的發展能力，無關於我們的社會或文化背景、宗教背景、乃至性別。只要付出時間，努力地開展洞察力，這是每一個人都可以達成的。以此理由，佛陀被尊稱為「正覺者」（*Enlightened One*），因為佛已洞悉諸法本質，也就是證悟，這等同於「佛果」（*Buddhahood*）。「佛」（*Buddha*）這個詞，字面上的意義就是「覺醒」。

　　身為凡夫的我們，尚未完全覺醒，因為我們的念頭與行為受制於無明、迷惑與誤解，並且缺乏洞察力。當心的染污或濁垢（也稱為「遮障」）淨除時，心識變得清淨，具有覺知，那時一個人就能夠認知諸法的本質，

這與證得「佛果」是相同的。

我們必須記住，佛陀是在印度的傳統背景下給予這些教法。他否定兩種主要的印度傳統；一種是源自《奧義書》（*Upanishadas*）的教法，該教法認為個人自身的本質與宇宙的眞理是同一的，且強調體悟此事的重要性。宇宙的本質被理解為「梵」（*Brahman*），究竟眞理，而這與個人的自我，也就是「我」（*Atman*），的清淨本質是同一的。因此，該教派修行者的目標在於，實現個人高層次的我和宇宙眞理的同一性，即「梵我同一」。佛陀否定此種極端教義，並稱之為「常見」（*eternalist*）或是「絕對論觀點」。

佛陀也否定另一種以唯物論為基礎的極端論點。此類極端論點的信仰者，稱為「阿耆毘伽教」（邪命外道 *Ajivikas*）或「路伽耶陀」（順世論者 *Lokayatas*），他們否定心識的存在與道德的責任，他們相信人由五大元素組成，死亡時五大消融潰散，無一物留下。死亡後沒有心識，並且因為沒有識，我們無法談論道德或任何這類事情，因為這些不過是社會的約定俗成。佛陀稱這些人為「斷見者」（*nihilists*）。

佛說：《奧義書》或究竟眞理的追隨者高估了實體，他們假設了許多事情的存在，而事實上，那些卻非實際的存在。佛說：不論是宇宙或是自體，本質皆是非實的；

這些是超自然的闡釋，都是人類的心所虛構，而不存在於人的經驗範圍。

同時，持斷見論者否定識的存在，則是低估了實體。因此，佛陀給予所謂中觀的教導。依修持而言，那就是「中道」（*Middle Way*）。佛陀瞭解大部份的人，或在戒律上太鬆懈，而過度放縱於感官享樂上；或從事於極端的苦行修持。佛陀認為要了悟實相，這兩種方式均不適宜。佛陀自己曾修持過一段時間的苦行，卻發現它的不足。不過佛陀強調適度約束的重要性，不要落入過度放縱的極端中。

四聖諦
1. 苦諦

這部份的教法包含於四聖諦中，強調要如何培養中觀，以及如何修習中道。四聖諦的第一個是「苦諦」，這是梵文「度卡」（*duhkha* 巴利文 *dukkha*）的一般翻譯。我們應該修正一下這個翻譯，「苦諦」並不表示佛陀不承認生命中存在著快樂或滿足。佛所說的重點是，世界上有快樂，同時也有痛苦；但是為甚麼我們說日常生活中所經驗的每一件事都是苦，原因是，即使我們有某種快樂，那不是恆常的，隨時可能變化。因此，除非我們能洞徹真理，瞭解甚麼能真正帶給我們快樂，而甚麼不能提供我們快樂，否則不滿足的經驗將會持續存在。

佛教的本質

通常，我們以爲快樂取決於外在的環境與狀況，而非取決於自己的內在態度、自己如何看待事物或如何看待生活。佛說不滿足是人生的一部份，即使我們正在尋找快樂，即使我們勉強找到暫時的快樂。快樂是暫時的這個事實，意味著快樂遲早會消逝。所以，佛說除非我們了解這一點，並且見到不滿足或是「苦」（duhkha）的普遍性，否則我們不可能開始去尋找眞正的快樂。

如佛所說，即使當我們認爲，我們是在找尋眞正的快樂，事實上，我們做得不夠有效率，這是因爲我們沒有正確的態度，而且我們不知道在何處可以找到眞正的快樂。佛陀並非反對快樂，相反地，他指引我們一種方法，以克服不滿足之感。這個方法即是四聖諦最後一諦的一部分，稍後我們就會談到。

了解苦諦的要訣，即是佛所稱的「三法印」。佛說：三法印 — 無常（anitya）、不滿足或苦（duhkha）、無我（anatman）— 遍滿一切因緣和合法。佛說：如果不了解三法印周遍因緣和合的一切法，我們就無法了解第一聖諦。我們可能會盡全力去避免面對「一切法依因緣而定，且瞬息萬變」，並嘗試逃避此事實，甚至可能會杜撰一種永恆、不變、堅固、眞實的各種形而上的理論，以逃避這種遍在的無常本質。還有，如果我們不了解因緣和合的一切法是不圓滿的，我們就不會想到去克制自己，不要沉溺於聲色慾望的享樂。這些會使我們偏離中

心，而陷入世俗的事務中，我們的生活就會受到貪婪、渴求與執著所影響。所有這類事情都會擾亂我們的心。假使我們不了解諸法無實質 —— 諸法無我（anatman）—— 那麼，我們可能會相信某種持久不變的本質，實質的事物或人。由於這樣的見解，我們的心就生起錯覺與迷惑。

2. 集諦

四聖諦的第二項是集諦，它的意思是，一旦我們了解有痛苦或不滿足的存在，接著我們必須找出痛苦源自何處：它是從內產生的嗎？或者它是來自於外在的某些狀況或條件？佛說：當我們開始審視自己，見到我們對形勢如何反應，在世界上如何作為，對事情如何感受，我們就會發現痛苦的起因是源自於內的。這不是說，外在的社會或經濟的狀況不會導致痛苦，而是說，折磨我們的主要痛苦，是由我們的心與態度所造成的。

佛說：若要克服那些與我們的痛苦經驗有密切連結的不滿足感，我們就必須要能對付渴求、貪婪、依戀與執著 —— 所有這些超越常態的欲望。現在，有些人認為，佛教徒鼓勵完全地斷除欲望，但這不是佛所主張的。佛說：我們應努力克服過度且逾常的欲望，那些表現為渴求、貪婪等等的欲望。因為那些會增加我們的不滿與怨尤，令我們的情況更為惡劣。佛所說的是，我們應克服那些過度的欲望。只要我們有這些強烈的欲望，舉凡厭

惡、憎恨、怨忿等等，將會伴隨而生。當我們得不到我們想要的東西時，我們會感到懊惱、生氣和憤怒。或者，當我們在滿足欲望上有障礙時，我們便想去除、摧毀或攻擊它們。甚至，我們可能會訴諸暴力和欺騙，來滿足我們的貪婪與渴求。因此佛說：我們需要克服這些極端的欲望；但是我們不應該以完全斷除欲望爲目標，因爲我們也可以將欲望應用在各種正面的方向上。（這一點我們稍後就會看到。）

3. 目標：滅諦

第三聖諦即是目標。首先，我們了解人道如何地充滿了不滿足的感覺；接著我們知道不滿足的原因；之後，我們看向目標 — 也就是證得「涅槃」（*nirvana*）。有些人認爲，「涅槃」是某種的絕對眞實，超越認知且超越凡俗。但佛陀說：一個人還活著時就可以證得涅槃，這稱爲「有餘涅槃」。一個人也可以在死亡時證得涅槃，那稱爲「無餘涅槃」。因此，在一生中獲致涅槃是可能的。獲致涅槃的意思是指，個人的心不再受制於迷惑與情緒的煩惱。心變得平靜了，且個人的快樂經驗不再依賴於外在的情況與情境。因此，個人對事物的反應不會過激，即使面對不利的情境，也能維持平靜與祥和的感覺。

能夠如此是因爲，證得涅槃的人已經克服貪、瞋、癡的三根本迷惑。當我們的心不再受制於強烈的煩惱情

緒，如貪或瞋時，即使事情不順利，我們仍可保持寧靜與和平，堅韌勇敢地面對事物。

4. 道諦：出離痛苦的方法

認清這個目標 — 即達到不依外在變化情況的永恆快樂 — 接著我們必須知道，如何做才能達到那個目標，這就是第四聖諦所要解釋的。第四聖諦即是「道」，這是佛教徒的修持精要。所謂的「八正道」，其作用是要開展個人的三件事：戒、定（或心的專注）及慧。透過道德戒律的修持，我們能成為更好的人，能克服以自我為中心的傾向，變得更慈悲，更能體恤他人的需求。透過禪定的修持，我們的心能夠更專注，更有韌性，並且更有警覺，而智慧也會因此生起。

八正道包括正見、正思惟、正語、正業、正命、正精進、正念與正定。前兩個正道，正見與正思惟，對應於智慧的開展。正語、正業與正命，在開展我們的道德戒律。最後三者 — 正精進、正念和正定 — 則在培養我們禪定的能力。

「正見」的意思是了解佛法的見地，如我們之前所見，即是處於常見與斷見之間的中道見地。佛說：若能了知世界是如何由因緣和合而生成，我們就不會落入斷見的邊見中。中道見地的另一方面是，若能了知因緣散滅時，

諸法亦隨之息滅，我們就不會落入實有論、本質論或常見的邊見中。因為我們知道，諸法由因緣和合而生成，當因緣不存在時，物質或精神面的事物，無一能夠持續。

「正思惟」是指能見到念頭如何與情緒產生密切的關聯，以及見到惡念如何導致不善情緒，如瞋恨與嫉妒等的發生。反之，善念亦會影響我們的情緒，我們會因此變得更仁慈，更關懷並且更體恤他人。

「正語」意指如果我們沒有覺知 —— 這是我們通常都缺乏的 —— 那麼，我們就不會知道我們正在說甚麼，或做甚麼。漫不經意地，我們縱情於各種不善的言語，例如說謊、誹謗、傲慢言詞和流言蜚語等。能夠清楚覺察我們的言語是很重要的，因為我們所說的話，還有我們如何說那些話，對我們會成為甚麼樣的人有直接的影響。如果我們總是說些尖酸刻薄的話，我們自然會變得好鬥，具攻擊性。

「正業」指的是能見到我們的行為，對己、對人有利或有害。這有關於我們行事技巧的發展。不要認為我們早已清楚知道，甚麼是該做的事情，甚麼是不該做的事情，更重要的是，要密切地看著我們行事的方式。我們不應該只是依賴著預設的規則或社會規範，相反地，我們應該看看做為一個人，我們是如何地行事，以及我們的行為對自己、環境與他人的影響。

關於「正命」，佛陀說：營利賺錢及照顧家庭並沒有甚麼錯誤，我們必須要知道的是，如何謀生才不會傷害他人和自己。我們不要從事虐殺動物或人類的行業，或迫使我們必須利用詐欺，或造成他人身體或精神痛苦的工作。如果涉及這類的事情，那麼，我們就應該放棄這樣的謀生方式。

「正精進」有四個面向，第一個面向與預防有關：努力於禪修，確保個人不陷入不善的念頭與情緒，並且避免它們在心中生起。不善的念頭源自於貪執、瞋恨與愚痴（未生惡令不生）。 第二是要努力減少心中所生起的不善念頭與情緒（已生惡令斷滅）。第三是要努力開展健全的思想與情緒，這也是要在禪修中進行。即使善念尚未存在，也應該努力喚醒它（未生善令生起）。第四是令已生起的善念能更臻完美（已生善令增長）。

「正念」是我們在禪修中應注意自己的念頭、情緒、感受、言語和行為。不論我們經驗到任何情況，我們都要更有意識、更為專心，如此我們才能對心的運作，以及對心在日常生活中如何影響我們的行為，獲得更多的洞察力。

「正定」也是從禪修中開展的。禪修能夠讓心變得更集中且較不散亂。即使我們聽到、見到或想到一些事，心也不會散亂，而能夠持續維持於專注的狀態。

這就是八正道，它能引領一個人從輪迴的狀況趣向涅槃的成就，或證悟。正如我們所見到的，四聖諦既是敘述，也是規範，它描述我們所處的狀況 — 甚麼樣的狀況是普遍的，而甚麼是問題的癥結。它也提出要如何來改善我們的情況，克服我們不滿足的感受，並且經由遵循八正道，以及戒、定、慧的訓練而達到證悟。

　　四聖諦是佛陀所有教法的精要。不了解四聖諦，我們就無法繼續前進。後世對原始佛法的所有闡釋，都是奠基於對四聖諦的了解。要如何修持戒、定、慧，不同教派或許有不同的方法，但是對於四聖諦重要性的理解，則是共同一致的。所有其他的修持法門，都是依據這些基本佛法，或再詳加闡述的。

2

倫理的行為

《饒益有情》

　　依佛教的觀點，修行者的最終目的是要獲得自我了悟或自我認知，以充分發揮其潛能，這等同於佛果或完全的證悟。因此，對一個佛教徒來說，了解我們當前所處的狀況與我們的經驗，是很重要的。

　　當我們環顧四周時，我們見到眾生經歷無數各類的痛苦。我們無需往遠處尋找痛苦。每一次打開電視，我們就會看見苦難：在中東、在亞洲、在非洲、在美洲，苦難普遍存在於人類世界。但是當我們談到佛教名詞的「痛苦」時，我們不是單指那些我們可以實際確認，並稱之為痛苦的真正苦難。這類的苦難很明顯，例如暴虐與高壓，使無辜的百姓受苦的鎮壓政權等等。

　　佛法談到的痛苦，也指其他種類的痛苦，那些我們認為不是痛苦，甚至可能覺得是快樂的經驗，包括我們應努

力的究竟目標等。當我們談到「痛苦」（*duhkha*），我們指的是一種不滿足的感覺，那涵括了人類的所有經驗。

三苦

從佛教的觀點來看，痛苦的經驗有三種不同的層次。首先是「苦苦」（*duhkha-duhkhata*），例如戰爭、饑荒、政治壓迫、不公正等明顯的苦難。

接著是「壞苦」（*viparinama-duhkhata*），這類痛苦我們通常不會認爲是眞正的痛苦。你也許會認爲：「唉，近來工作的壓力太大了，我要去休假，享受一番，快樂一下。」於是你休假去了。而休假時，你可能會與你的同伴發生爭執，或在訂機票時產生一堆問題，或當你抵達目的地時，行李遺失，找不回來。你可能會經歷到各種預料之外的事情，原先是快樂的事情，結果變成某種痛苦，這就是「壞苦」。

最後一種痛苦是「行苦」（*samskara-duhkhata*），意思是身爲人類或有情眾生，我們是因緣和合的產物。出生時，我們經歷了生的痛苦；成長的過程中，我們經歷了青少年時期的各種問題，接著是成人時期的問題，最後年老體衰。所以，我們歷經苦難、痛苦、疾病，最終死亡，故事就結束了。這是人類的情況，是我們必須面對的。

一些西方的佛教學者曾說，佛教是悲觀的，因為它專注於痛苦上。但實際上，這不是悲觀，而是事實。痛苦的真相不是要讓我們感到悲觀與無望。我們有方法可以試著去了解，我們必須要能面對不愉快的經驗與狀況、事情的真相與事實本身，這些才是佛教真正關心的；因為如果我們無法做到，我們可能會受到誘惑，錯認那些並非真正幸福來源之物，就是可以帶給我們快樂的事物。（我很快就會解釋這涵義）。

　　因此，首先當我們了解世上有痛苦時，我們就必須正確地認知痛苦的來源。痛苦是源自於內的，從心生起的，這一點非常重要，因為所有的人都試著要了解甚麼是造成痛苦的真正原因。有些人說那是由於我們的罪，有些人說那是因為我們偏離了上帝，或是不順從上帝。還有一些人說那與我們的社會結構、經濟體系、性慾壓抑、童年創傷或者疏離感有關。

　　從佛法的觀點來看，這些僅是我們痛苦的間接原因，而非真正的原因。真正的原因是「無明」：不知道甚麼是有益的，甚麼是無益的；不知道甚麼會讓我們真正快樂，以及甚麼會加深我們的不幸與痛苦。缺乏認知、缺乏洞見 — 這才是真正的原因。

　　因此我們必須向內看。這不表示我們應該漠視世界上的不公、不義與欺壓，而是應該時時將這些事當作我們

自己的投射，以及我們自己內心的想法。外界所發生的事情，往往反映出一個人內心的想法。我們或許會怪罪大企業的貪婪，剝削第三世界國家等等，但實際上那與小企業的老闆對他們員工的作為沒有甚麼太大的差別。

在第三世界國家，人們也許對所謂第一世界的國家有羨慕或仇視的感覺，甚至有某種尊敬，那是一種混雜的感覺。同樣地，我們可能對事業有成、家財萬貫的人感到羨慕，同時也有些尊敬，因為他們做到了一些我們未能達成的事實。我們很容易將所有這類的事情投射到他人身上，並且認為錯在社會功能不佳，或是大企業、大公司做了些極為糟糕的事。有這樣的想法，就總是會去怪罪其他的人，而不會去看這種情況是如何開始發生的。

社會與大企業並不是無組織的團體，而是由一群像我們這樣的個體組成。因此，對佛教徒而言，並非上帝創造了這個世界，而是我們的心 — 對於我們所有的經驗：喜、樂、苦、難，這個心應負起責任。這不僅是就我們的覺受而言，實際上，心也造成了我們生活的這個世界。我們居住的世界是由我們的心創造的。

因此，做為佛教徒，了解我們的心是如何運作的這一點非常重要，而且也是為甚麼對佛教徒而言，禪修是如此的重要。禪修不是要創造一種較接近更大實體的狀態，或某種與心無關的精神實體。禪修是為了更深入了

解我們自己。許多問題的發生，正是因為我們不了解自己，沒有自知，對自己沒有深入地了解。這是由於「無明」，梵文稱為「阿比狄亞」（avidya）。為了要找出心如何運作，我們必須知道，哪一類的事情能提昇我們的快樂，而哪些會增加我們的痛苦與苦難。

找尋快樂

通常我們認為做這事、做那事或做其他事，可為我們帶來快樂；當朋友接受我，如果他們喜歡我，那麼我就會很快樂；假如我結婚生子，有個體貼的伴侶來照顧我，那麼我將多麼地幸福；假如我不需那麼辛苦工作，卻有很多錢，那我就太快樂了。

這一類的想法是無止盡的。如果你個子矮小，你會認為假使能長得高，你就會很快樂；或者苗條些，那就太棒了；如果你的鼻子太長了，你會想，若鼻子短些該多好啊；或是如果你禿頭，你會想要有些頭髮。諸如此類的看法，其中確實有些真實的因素。佛教徒會同意，假使你健康點，你就會比較快樂；如果你的家庭支持你，你就會更快樂。

但問題是，這些事情僅能提供暫時的快樂，而非永久的幸福。身為佛教徒，我們的目標不應該只是達到短暫的快樂。佛法並不是說一點快樂也沒有；或不論你做

甚麼，一切都是痛苦、只有痛苦、更多痛苦，而是說應該對我們的生活有正確的期待，我的意思是，應該努力去得到恆久的快樂。

當我們依賴暫時性的快樂，我們通常會投資太多在充滿不確定的事情上。如果我們太依賴我們的工作，我們可能在某一家公司工作二十年，付出很多，我們對自己的看法，都被這份工作以及由於這份工作所能取得的事物塑造了。然而有可能在突然間，我們被解雇了，剎那間，整個現實瓦解了，我們可能會想要自殺。這種事確實發生在某些人身上。

佛法說我們對事情應該要有輕重緩急的順序。想得到快樂，必須要有內在的平靜。眞實、持久的快樂不是源自於外的。這不表示說，依靠外在的環境與狀況，我們不可能擁有幸福，而是說，眞正持久的幸福唯有從內才能獲得。當我們太過於依靠外在的環境與狀況，我們便在其中丟失了自己。我們不但沒有強化自身，沒有找到自我，反而失落了。我們全都了解這一點。我們知道有些人，他在工作崗位上已經做了很多年，突然間他這麼想：「且慢！我到底做了哪些事呢？我還不曾用我的生命做過任何事啊！」或者，人們撫養小孩二、三十年了，總是爲家庭、小孩付出，這位母親可能突然想到：「啊，天哪！我從不曾去尋找我是誰，我是甚麼。」我們不但沒有找到自己，反而可能完全迷失了。通常我們

的身份幾乎全靠我們的文憑、所念的學校、居住的區域或所駕駛的汽車來決定。佛法告訴我們，不應該過度依賴這些事物，因為積欠貸款，汽車可能被收回，債權人可能接收我們的生意，任何事情都可能發生，你的伴侶可能愛上其他的人，誰知道呢！當然，我們應該立志做好我們的工作，當個好父母等等，但我們應該正確看待事物，不要希冀過多。

清楚了解這一點後，我們可以進一步來探討佛法的道路，做為克服這問題的方法。如我們所見，八正道包含了戒、定、慧的訓練。這三種訓練（三學），基本上能夠改變我們的行為，同時可以改變我們思想與感受的方式。首先，讓我們集中於戒的訓練。

戒律的訓練

談到戒律，我們通常會從責任與義務的角度來思惟，但是佛教的戒律，基本上是有關於甚麼是有益的（梵文 *kusala*）相對於甚麼是有害的（梵文 *akusala*）。我們應該判斷自己的行為是否利己利人，或是傷人傷己。以此方法，佛教的戒律是根據人類的經驗，它無關於超自然的生命。要有戒律的概念，或了解戒律的重要性，我們不一定要有神或上帝的概念。

有些人覺得，如果我們不信仰上帝，那麼每一件事

都是可能的；但另一方面，同樣的那些人說，上帝有他自己的法則，有別於人類。人類適用的法則或戒律，一引用到上帝想做的事情時，那是毫不適用的，在這種情況下，人類的法則與戒律變得很隨意。這種哲學的辯論可以回溯到柏拉圖（*Plato*），他說：「某件事物好，是因為上帝說它好，或它的好是獨立於上帝之外？如果事物好不是依靠上帝，那麼它就與上帝無關；若它的好只是因為上帝如此說，那麼這就表示它完全是隨意的。」

佛法說某一個特殊行為好，是因為它本身好，不是因為上帝裁定它是好的。我要說的是，佛法的戒律不是立足於任何種類的神學基礎上。甚麼是好的行為，或不好的行為，取決於戒律的標準而已，非神學的標準，無須神學的理由。

對佛教徒而言，某種特殊行為在戒律上是錯誤的，正是因為它會對他人，或是對大多數的眾生造成痛苦。因此，過著有戒律的生活，不是做一個順從的人，或是遵從預先制定的法律或規則。佛說戒律應該被視為一種解脫的體驗。那不是以約束力去強求：「汝必行此」，或者「汝不能行此」，戒律是一種解脫的作用，可以增進我們的福祉。

在猶太傳統中成長的佛洛伊德（*Freud*），認為「本我」（*id*）與「超我」（*superego*）之間的衝突，源於「本

我」想要做不道德的事，而「超我」說：「不！你不可以。」我們不這樣思惟；不在「我們想要做的」與「我們被允許做的」之間製造更多的衝突，用以取代的是：將我們「應」做的，變成我們「想」做的。

佛說：「戒律就像是微風，在正午或是秋天午後的驕陽下吹拂著，如此的清涼。」佛說：當我們以這樣的方法開始持戒時，我們將意識到所有內心的焦慮、不滿的情緒、敵視與忿忿不平，開始真正平息下來。我們變得更開放、更能理解不同文化與背景的人們，而不是增強內心的焦慮，想著說：「我站在好的這一邊，而你站在壞的那一面，來打架吧！」當我們不是以對、錯的角度來看人生，而是以有益、無益的角度來看，那麼，我們對戒律就可以有不同的體驗。

所謂「正確的事」，不一定是永遠有益的，而所謂「錯誤的事」，也不一定是永遠有害的，這一點非常重要。佛教的戒律，並非是一種強加於己的戒律世界。它是無限的，並且在大部份時候，我們必須自己判斷何者有益，何者有害。缺乏智慧，如同我們現在一般，就很難預知行為的後果。戒律的另一個要素是動機，若我們以清淨的動機來做一件事，即使由於缺乏智慧，我們的行為變成有害，而非有益，這行為在戒律上，也是不該受責備的。

記住佛教倫理的背景之後，現在我們可以開始審視，佛陀對他的追隨者所制定的戒律原則。為了幫助自己與他人，甚麼是我們應該避免的行為，甚麼又是我們應該去做的行為呢？

六度行

　　首先我們來看，甚麼是佛陀認為我們必須努力做的事。這些行為被稱為「波羅蜜多」或「度」（*paramitas* 藏文 *pharol tu chimpa*）。六波羅蜜多在大乘佛教中是眾所周知的，我稍後會回到那部份。然而，在早期佛教中也談到六度。這些行為不是為了增加我們的染污或遮障，或擴大我們情緒的衝突（煩惱障），或概念的迷惑（所知障），而是要幫助減輕這一類事情的。（**譯按：南傳佛教的菩薩道與大乘佛教的波羅蜜多內容互有異同。**）

　　第一是「佈施」。除了對有需要的人給予物質外，它也包含社會服務和捐贈給賑災基金會或其他慈善團體。佛教徒也會施放被捕捉的動物，例如將魚類放生到海裏，或是從市場買被捕捉的鳥來放生，這被視為非常重要的修行。佈施的效用，不僅是對接受者有益，對施予者也是一樣重要。當我們學習佈施時，我們就會變得比較不執著，也比較不依賴自己的財產。如此，我們可以學習不貪婪或不吝嗇。

第二是「持戒」。持戒的意思是對自己的行為負責。當事情出錯時，不要認為我們是環境的受害者，是社會或家庭教養的受害者，我們應該要對自己的行為負起完全的責任。事實上，當我們對自己的行為負起完全的責任，我們就成為一個完整的人。我們開始感受到自由，因為自由與責任是並行的。當我們覺得自己是位受害者時，自由是不存在的；我們會感到虛弱、無力。但當我們對自己的行為負責任時，我們就會感受到自由，因為如果我們沒有選擇，我們如何能為事情負責任呢？

　　第三是「克制」（譯按：或為「出離」），意思是我們不應該過度放縱或追求聲色享樂。我們應該要有自覺，才不會沉溺於給予我們歡樂的任何事物之中，並且我們應該要能分辨需要的，與想要的。我們不應該為了購物而去大大採購，買些我們永遠穿不到的衣物，或是各種我們絕對用不到的配件，最後負債累累。當然這不表示說，我們應該衣衫襤褸，或不能穿著入時。

　　第四種修持是「智慧」。培養智慧需要了解無常，了悟一切是依情況而定的，並且會隨時改變，稍後當我開始討論智慧的培養時就會談到。許多人說一切是無常的，但是佛教徒談論的無常，不僅是知道事情會改變而已，還有更多的內涵。

　　第五是「毅力」（譯按：或為「精進」）。那表示我們

必須要有意志力，因爲如果我們缺乏意志力，或意志力薄弱，那麼我們就無法停止不該做的事，而且無法去做應該做的事。缺乏意志力，我們會覺得沒有力量去突破束縛，我們會感到依賴，並且認爲自己是環境的受害者。因此開展意志力或活力之感非常重要。

我們應該培養的第六種善行是「安忍」。很明顯地，安忍表示我們不應該尋求即時的滿足。我們應該讓事情有足夠的時間發展，而不期望有立即的結果。對任何所做的事，我們不該匆忙草率，希望事情在最短的時間內就有成果。當然，那也表示我們對失望、挫折與失敗應該要更容忍。僅僅因爲失敗了，不表示我們就必須放棄。我們應該以理智、放鬆的方式持續堅持，而不要執著或一意孤行。

五戒

以上是我們應盡力去做的一些事項。現在讓我們簡短地談一下，根據佛陀制定的戒律規範，我們應該避免去做的事情。我說「戒律規範」，因爲根據佛陀所說，這些戒律只是原則，而非嚴格的法律。我們應該著眼於精神層面，而非字義上，不要認爲那是不可侵犯、固定不變的。

我們應該避免去做的事稱爲「潘查尸羅」（*pancha-shila* 五戒）：「潘查」（*pancha*）的意思是「五」，「尸

羅」（shila）則是「戒」。戒律的第一項是要避免傷害眾生。在學習愛護他人之前，首先我們要學習如何不傷害他人。我們不應該傷害任何眾生，這不僅只是人類，還包括動物，甚至是昆蟲，我們不應無緣故的傷害他們。在佛教國家，如西藏，當農夫必須要捕殺昆蟲時，他們都會很遺憾這麼做，他們對殺害的昆蟲感到抱歉，而不是視之為破壞農地的害蟲。

當佛教徒談到「離殺生」（ahimsa），這也包含了尊重環境與生物鏈。它表示不僅要避免傷害有覺知的眾生，也包括任何能生長、繁榮的事物，它們可能因人類的干擾而受到影響。佛法提到假如我們生起友善的態度，即使是毒蛇也會有回應的。我曾經住在印度中部的「中央邦」（Madhya Pradesh），一個藏人的聚落。那兒有許多蛇。由於佛教的教化，藏人不會去殺害蛇，而當地的印度人只要一看到蛇，就會去殺。我觀察到藏人能夠安然無恙地四處走動。有一個特別的寺廟，當時是個暫時的小棚屋，蛇經常爬在橫樑上。有時僧人在那兒打坐，而蛇會爬到他的腿上，那些蛇從不會對僧侶，或任何藏人有攻擊性的行為，但是只要它們聽到印度人的聲音，蛇不是四處逃竄，就是變得具有攻擊性。我不知道它們是否有智力，或是該地區的蛇世代以來發展出一種生物的敏銳性，以應對不同的遭遇。不論那是甚麼，那兒確實有明顯的差異。總之，不傷害眾生顯然是件好事。

第二種規範是「離不與取」，我們應該避免取用未經允許的東西。除了強行奪取他人物品外，有時候我們為了設法取得自己想要的東西而耍一些手法、欺騙甚或是甜言蜜語。舉例說，假設你富有的外祖母快要過世了，你開始勤快地去養老院探望她，希望她能留一些財物給你，甚或給你所有的財產。我想，我們都做過這類的事情，包括誤導他人，或是經由威脅、算計等手段，讓他人交給你任何你所想要的東西。

　　第三個戒是「離欲邪行」。在佛教中，性行為本身並非是罪惡或不自然之事。在家居士能夠有正當的性生活，不需覺得罪惡或害怕懲罰。然而，要告誡的是，如果過度耽溺於此，就如同所有令人著魔之事一樣，會對自己與他人造成極大的傷害。再重申一次，真正的準則是，到底那會造成多大的傷害，而非性行為本身。因此，不該誤解為不能有性行為，或性只為了生育。避免不正當的性行為是說，我們的性行為不應該造成衝突、悔恨或傷害。譬如，假使我們有曖昧的行為，而這讓我們的伴侶感受痛苦與傷害，那就是不當的性行為，我們應該要避免。在教法中很清楚的提到，關於性與生育，甚麼是可以被接受的，甚麼是不能被接受的，這依文化、個人而異，因此，這些因素必須要列入考慮。基本上，這是指會造成傷害、悔恨、悲痛與失望，導致傷害的性行為。

　　第四種行為是「離虛誑語」，我們應該避免妄語。

謊言很明顯地是妄語的一種，但是還有其他，例如散播謠言、說長道短、誹謗、人身攻擊及說人壞話等。不是說謊本身有罪惡，罪惡在於謊言所造成的結果。我們可以見到它所造成的傷害；但是，也有一些例外的情形。這也是為甚麼我說這些只是戒律的規範而已，因為在一些很特殊的狀況，說謊或許更有益。然而，一般說來，我們應該要避免說謊，尤其是當謊言會造成傷害的時候。

第五種戒是「不飲酒」，要避免飲酒與其他毒物。同樣地，酒本身並無過失，但是有些人飲酒後，深受酒精的影響，傷害了自己，也傷害到他人。我們都知道酒醉駕駛是社會上一個很大的問題，很多案例顯示酒駕害死他人，甚或自己心愛的親友。酒能損害我們的判斷力，並且使我們失去知覺，可能讓我們不記得酒醉後所做的事。在律藏（Vinaya）——解說比丘、比丘尼的戒律——當佛陀談到不飲酒以及不使用其他麻醉品時，他說了一個比喻。有一天一位比丘外出托缽，遇見一位販賣酒的婦女。這婦女給了他三個選擇：第一是飲酒，第二是殺一頭羊，而第三是與她發生性關係。這位比丘說：「不，我不能殺羊，一位佛教的比丘絕不會做那種事。我不能有性行為，我是位僧侶，是禁慾的。所以我就喝酒吧！」他喝了酒，醉了之後，不僅殺了羊，也與那婦人發生性行為。佛陀說那是為甚麼我們應該要戒酒，因為它對一些人會產生不可預知的後果。

到目前為止，我們看到的所有的規範，本質上都很實際。那些準則教導我們如何生活，甚麼種類的事情應該做、甚麼事情不該做，才能增進我們的幸福與快樂 — 也就是永久的快樂 — 同時讓其他人的生活更自在。從這些討論中我們見到，佛教並不贊同戒律絕對論。我的意思是說，不論我們選擇了任何的倫理行為，我們必須要考慮到各種狀況與因素。我們不能有對或錯的先入之見。持「戒律絕對論」的人認為，他們知道甚麼是對，甚麼是錯，因此不會面對戒律上的兩難抉擇。佛法不接受如此的觀點。譬如，墮胎也許不是件好事，但在某些狀況下，墮胎可能比不墮胎來的有益。假使你快要餓死了，而除了去偷麵包外，你別無他法，那麼，這時或許偷竊麵包會好些，而不是想著：「我要堅守不偷竊的宗教見解，我寧願餓死，也不要偷竊。」在佛教的戒中，我們必須要知道像這一類特殊的例外。因此，波羅蜜多不應被視為戒律的戒條，而是一種戒律的規範。

3
禪定
《改變我們精神的見地》

　　若缺乏智慧與洞見，我們對自己正在做的事永遠不可能有完全的自信。具有深刻的洞見，我們可以了解甚麼是真正有益的、甚麼是真正有害的。禪修是佛法最重要的部份，沒有禪定的修習，不可能生起或培養出智慧。它奠立了智慧與倫理，或與戒律之間的關聯。透過禪修，我們發現哪些狀態的心、情緒、念頭和態度對我們及他人有益，而哪些狀態有害；以及這些狀態是如何影響我們和他人的互動，與我們的生活方式。

　　若想要改變自己的行為，我們就必須深入地了解自己的心，並改變自己的態度。我們也必須改變表達情緒的方式。當這麼做時，我們會領悟到，我們必須逐漸消除不善的念頭和情緒，因為它們不僅會傷害到他人，也會對自己造成很大的傷害。這應該是我們想要克服不善的情緒、脾氣、態度與念頭的基本動機。

在印度達蘭沙拉舉辦的一場『心靈與生活』研討會議上，許多重要的物理學家、神經學家、精神病專家以及其他專家學者們與佛教上師們齊聚一堂，互相交換資訊。在閱讀了某些佛教典籍後，科學家們發現佛法與他們的臨床實踐有許多相似之處。佛法說我們精神的見地會影響到我們身體的健康與整體的安樂，這一點與他們所學到的十分相似。

從佛法的觀點來看，我們認為必然的道德行為和精神態度，影響了我們的健康。我們避免做某些事，不僅因為道德上那些是錯誤的，而且因為基本上，不做那類事情可以提昇我們的安樂。我們對他人所產生的情緒，如怨恨、悲痛等感情，對他人不會有任何影響，反而會逐漸使自己變得軟弱、沮喪、不快樂。或許他人正在開心地度假，而我們卻無法吃、無法睡，忙著受苦。

當我們領悟到改變精神見地的重要性時，我們需要特殊的技巧來達成這一點。這技巧就是禪修。佛教有兩種不同方式的禪修：「止」（奢摩他 *shamatha*）和「觀」（毘缽舍那 *vipashyana*）。

「止」的禪修

「止」的禪修教導我們，如何讓我們的心穩定、平靜與專注，如此我們的心就不會總是向外攀緣，抓住這

個、抓住那個，而變得散亂。我們學習如何收攝自己的心，將心定於一處。我們也要學習安住在當下，而不是沉溺於以前的成就、失敗、遺憾，或者我們可能做過或沒做過的各種事情相關的罪惡感當中。同樣地，我們也要學習，不要總是對未來感到焦慮：譬如，我們想達成的是甚麼、達不到目標的機率是多少、可預知迫在眉睫的障礙有哪些等等。我們應學習如何安住在當下，並且保持專注。如果我們沉溺於所有這類精神活動中，而不能專注，我們的洞見會迷失，對事情所作的反應，愈來愈出於慣性，而不是出於確實的理解。透過禪修的練習，我們可以學習專心，並且保持於當下。

當我們坐下禪修而念頭或情緒生起時，我們應將它放下；試著不要停留在念頭或情緒上。同時，我們不要預期未來可能生起的念頭或情緒。當我們禪坐時，盡力專注，通常是專注於呼吸上。試著不要沉溺於心中生起的任何念頭，僅是簡單地讓它生起並消散。當我們變得更能專注時，且當我們開展出能保持專注的更強能力時，我們通常經驗到的紛亂情緒，就會開始平靜下來。當它平靜時，智慧就有可能生起。假如心不安且散亂，智慧是不可能生起的。

1. 五種蓋障

修習止的時候，我們必須要知道所謂的五種障礙，

或稱「五蓋」（the five hindrances；nivaranas）。第一種叫做「貪欲蓋」（sensual desire）。這個詞暗指心的傾向，心總是停留在吸引它的事物上，如念頭、視覺對象或特殊的情緒。當心沉溺於這類的吸引時，我們便失去了專注。所以，我們必需提起正念，並且要知道心是如何運作的。我們並不需要壓抑所有這些在心中生起的事，但是我們應該注意到它們，並且去領悟心如何運作，心如何自動地抓取這個又抓取那個。

第二種障礙是「瞋恚蓋」（ill will），這與第一種障礙相反，它是由於厭惡所引起，而非吸引。瞋恚是指那些想要拒絕、敵視、憤慨、仇恨與悲痛的感覺相關的各種念頭。當它們生起時，我們應該要留意，不需要壓抑它們，但是要看它們如何生起。同時，我們應該嘗試慈心的禪修，這一點我很快就會講解。

禪修的第三種障礙是「昏沉與睡眠蓋」（lethargy and drowsiness）。對禪修的人來說，這一種障礙是非常熟悉的。當這障礙出現時，我們失去了禪定的專注。我們可能沒有明顯的心神煩亂，但沒有清明的精神。我們變得愈來愈呆滯，最後睡著了。當這種情況發生時，與其持續禪修，還不如起身走一走，或洗把臉，恢復精神後再回到禪修上。

第四種障礙是「掉舉惡作蓋」（restlessness and

worry）。這是指我們的心，由於其焦躁不安的本性而生起的所有精神活動。甚至一分鐘也無法讓我們這個心保持安靜。要對治這個障礙，再次地，我們必須要提起正念，看著心如何運作，對事情如何反應，而不要依我們的經驗來批判它。如果我們經歷到一些「壞」事，我們不應該認爲它是壞的，如果是「好」事，我們也不該認爲那是好的。我們只要注意到所發生的事。

第五種障礙叫做「疑蓋」（*skeptical doubt*），有人或譯作「害怕承擔」。在這種障礙下禪修，我們會有一種持續不安的感覺：「我如何知道我做對了？我如何知道這件事會眞正有效用，而不是在浪費時間？我如何知道佛法所說的是眞實的？我如何知道禪修老師所教的是正確的，他們有沒有弄錯？」

這種過度的猜疑沒有任何價值，反而成爲禪修的障礙。要克服這種障礙，我們應該靠閱讀，以及增長我們的知識，來進一步了解心的運作，而不是陷於這種懷疑的狀況。

經由「止」的禪修，我們開始看到自己的精神態度、情緒與念頭是如何地將我們塑造成這種人，塑造出我們所具的性格與人格。了解這一點時，我們就有可能成爲一個不同的人。

2. 四無量心

在修習止的同時，禪修者也常被鼓勵修持所謂的「四無量心」（four brahmaviharas），有些譯者將它譯為「佛教主要的美德」（cardinal virtues of Buddhism）或「梵住」（divine abodes）。「四無量心」即慈、悲、喜、捨。佛法說，要具足完全的慈與悲並不是那麼容易，我們必須要學習如何去做。讓自己變成討人厭的人，我們似乎不需要任何的訓練，但是要開展出如慈愛的特質，則需要相當的努力才行。

有人說：「佛教徒僅只是從事慈愛的禪修，他們不會起而行。」然而，佛法的觀點是這樣的，如果我們從禪修真正開展出慈悲的感覺，那麼，在實際生活中，我們就能夠更有技巧地將它們展現出來。這不表示我們必須等到證悟時，才會有慈心。透過更積極、正向的思想，我們的見地可以逐漸地變得更正向，這對他人也會有正面的影響。

「慈心」（梵文 maitri）的禪修是將關愛傳送給特定的對象。當我們開始修習慈心時，修持的對象不應是「不隨和的人」，即難相處的人。因為對這種人，我們很難自然地生起慈愛。修持的對象也不應該是我們所喜愛的人，因為我們對這人的喜愛，很容易產生各種扭曲。修持的對象也不要是我們漠不關心的人，因為剛開始的時候，要對與我們沒有利害關係的人生起慈心非常困難。

在開始時，也不適合以不同性別的人做修持的對象。那麼，剩下哪類人適合做修持的對象呢？

佛法說，我們首先應該以自己做為修持慈心的對象——雖然不是以自我中心、自私自利的態度，但我們真正應該要關愛的人是我們自己。接著，我們可以將那種感覺轉向需要被關愛的更廣大的人群。然後，逐漸地將我們的範圍擴展到所有的眾生。這是要一步一步地去練習的。

當我們嘗試生起慈心時，要確信它不會被扭曲，而變成執著。慈心是一種真正開闊的感覺，而執著則是狹隘的，扭曲了我們對事情的看法。在佛法上，慈愛其他的眾生（不僅是人類，而是所有一切有情眾生），是究竟的愛。

四無量心的第二是「悲」（梵文 karuna），這是當我們見證到苦難時會生起的。眾生歷經各種的痛苦——折磨、壓迫、剝奪與各種的不幸。當我們目睹這一切時，悲心自然由心中湧現。「悲」這個字的字義即是與他人「共同受苦」。但是在佛法上，當我們感受到悲心時，不是與他人共同受苦，而是見到他人的困境時，試圖減緩他們的痛苦。

第三是「喜」（梵文 mudita），意思是當他人快樂時，我們隨喜他們的快樂。我們不會羨慕或忌妒他人的快樂；

因為他人快樂，所以我們感到快樂。

四無量心的最後是「捨」（梵文 *upeksha*）。這是最重要的，因為若沒有「捨」，「慈」會變成執著，「悲」會變成多愁善感，而「喜」則會變成得意洋洋。但是如果我們對「捨」有適當的覺受，就能夠洞察事理，如此我們的偏見、期望與恐懼就不會阻礙我們表達正向情緒的能力。然而，即使是「捨」，我們也必須提起正念。因為「捨」可能會演變成無動於衷，事實上那是「捨」的反面。當我們為自己與他人做事時，若具有「捨」的意念，我們就能夠保持著一種更寬闊的視野；而當我們無動於衷時，我們對任何事都沒有興趣。

「觀」的禪修

經過「止」的禪修，我們可以學習如何產生心的安止狀態，不受到明顯的干擾。但是止本身並不足夠，我們必須學習如何開展「觀」。止的禪修有可能幫助我們開展觀，但止本身無法生出觀，我們必須修習觀的禪修，或稱為「毘缽舍那」（*vipashyana*），從我們所熟知的觀的四基礎開始。四基礎是身念處、受念處、心念處與法念處。「觀」禪修的練習是要獲得對實相本質、事物本質的洞察或瞭解。當心較不迷惑，遮障較少時，就有可能更清楚地看見事物，這包括見到事物的無常與恆變，並且見到無有一物具有持久的本質，因此，透過四念處，

我們可以獲得對無常的洞察。

　　運用身念處的修習，我們開始觀察身體、身體的知覺、呼吸的出入息以及身體層次的覺受，我們可以體悟身體上所發生的改變。受念處幫助我們了解自己的覺受，如苦、樂與無記的變化，以及這些覺受是如何不停地在改變。心念處顯露出心本身的念頭、概念與觀念是如何的不穩定。最後是法念處，即了悟到一切法是緣起的，是因與緣的產物。無一物能夠獨立存在，包括心，或是我們的「我」的這個概念。當我們提到「我」，我們想到的是某一種個體，它的存在與我們的身心成分無關。我們談到「我們的」身體、「我們的」心、「我們的」感覺、「我們的」知覺、「我們的」記憶等等。透過這個練習，當我們思惟我們的「自我」時，舉例說，我們開始瞭解沒有一個獨立存在的個體「自我」，「自我」僅只是一些生理與心理因素的組合。

　　稍後，我們會回到禪修的主題，並且進一步來檢視修持的細節。

4

業報與轉世

《一切法因緣生》

業報與轉世是個非常重要的概念，若不列於此，我們
對早期佛教的討論，就稱不上完整。佛教的因果概念非常
重要，所謂的因果概念，也就是存在的事物沒有任何持久
的本質。萬物相互依存，每一件事物都是以互相依賴的方
式而存在，沒有一件事物能夠獨立存在。因此，不論是物
質界或是精神界，存在的每一事物都是因果相依的。

因為如此，我們也必須以因果概念來看道德。道德依
止於業報的概念，因為「業」即是道德界的因果律。我們
所做的任何事情都會產生某種心理印象，從而又產生業的
殘留，之後在適當的因緣出現時，殘留的業就成熟為果。
當我們做的事情是正向、有益而又善妙時，某些正面的印
象就會自動地留存在心上，成就我們正向、健康的氣質。
因此在未來時，我們的經驗也會是正向與健康的。

當我們看自己與他人時，也許不能馬上就清楚因果業力是如何的運作。舉例說，有一些好人做了許多善事，然而他們可能經歷許多的痛苦，他們可能生病、地位低下或受壓迫。然而有些壞人卻過著快活的日子。轉世或再生的理論是業報概念的延伸，其意是說，我們看待整件事必須涉及前世，（我不愛使用「化身轉世」這個詞，因為它可能意味著一種先前就存在的超自然物質或靈魂，而且佛教不接受永恆靈魂轉世的存在。然而，佛教相信一種意識流，能從一世傳到下一世。這種意識流是一種精神事件的實例，它的產生是由於自身內在的動力，以及外在的刺激因素，所有這一切，隨著時間的變遷看來似乎是永久存在的。因此它可以作為一個人自我認同的基礎。）一個人雖然在此生可能沒做過任何壞事，但仍可能會經歷到非常嚴重、不必要的經驗，這是導因於他前世所做過的事。

　　轉世不是偶然發生的，而是受業力法則所左右。同時，好或壞的轉世不被視為獎勵或懲罰，而僅是由我們自己的行為造成。那是為甚麼在西藏「業報律」被稱為「列聚最」（*le gyu dre*），它的意思是「業力因果」。由此，我們可以見到發展正向、有益態度的重要性，因為我們所做的事，與我們是甚麼樣的人，還有與我們的心態有密切的關係。我們無法將這三者分開，因為它們是緊密相關的。如果我們的思想是負面的，我們將變成負面的人，而如果我們變成負面的人，我們就會做負面的事。

譬如，若我們耽於爭鬥性的想法，並且對他人心懷憤恨或敵意，我們就會成為好鬥的人。當我們放縱於負面或侵略性的想法，這些念頭就有可能成為行動，如此，我們就變成負面、好鬥的人。

若我們對自己的身與心沒有一些了解，僅只是去注意我們所做的事情，這不會讓我們成為更好的人。基於此理由，我們對自己的動機與態度，應該比對自己的行為或動作更加留意才行。

佛教戒律不允許道德義憤或憤慨的表示。負面情緒的恣意表現，例如對反對者或對與我們道德世界觀不同的人仇視或嫌惡，被認為是我們道德弱點的真正根源。過度執著於「對」與「錯」，自欺地認為我們是站在「對」與「善」的這一邊，而對抗我們的就認為是「惡」的那一邊，懷著各種會導致危害的念頭與情緒，或放縱於這類的行為、舉止，所有這一切都要避免。因此，作為佛教徒，我們不僅應該持續不斷的行善，我們也應該要觀照我們的心態。佛在《阿含經》（*Nikayas*）內說：「比丘，我稱此為業：先有意圖，而後以身、語、意去做。」因此，意圖較行為更重要。如果我們的意圖正確、真誠，而且我們的心是純淨的，那麼，即使我們對行為本身沒有太注意，我們將能夠以一種有益於他人，也有益於我們自己的方式來行事。

雖然我們經歷到的幸福、不幸、歡樂或痛苦，與我們的業報福德或過失成比例，但我們不應該只是去接受我們的處境，佛法不鼓勵宿命論。相信業力，不表示我們就應該說：「唉！這是我的業，我的業報命運如此糟糕，對此無能為力，我是個無用之人，是個失敗者。」如果我們發現自己處於這種令人不滿意的狀況，我們應該努力去改善或跳脫它，那裡可能有一些選擇。業力的法則不是要鼓吹宿命論，事實上它支持的是，我們應對自己的行為負起責任。

我們的許多經驗，不純粹是業力的結果，而是由於我們自己的愚蠢、大意或缺乏責任感所造成。舉例說，若我們生病了，顯然我們不會說：「嗯！那是因為我的業力，所以我病了，因此我不去尋求醫生的治療。」我們都知道，我們應該去看醫生，找出這疾病的原因。從個人，也從社會的角度來說，業力的法則與承擔責任和改善現狀是一致的。在西方，人們批評佛教不具有社會意識，並且不採取社會行動。他們說，東方人很貧窮，主要是因為在佛教的國家中，人們被教導說，受苦與被壓迫是他們的業，與社會因素無關，他們也無能為力去改善。

然而，業力的法則不是說人們應該只接受原狀，而是應該盡我們之力去改變，去轉化自己，或去改善社會的狀態。在我們全力以赴之後，若仍然失敗，那就是我們接受現況的時候。若不論我們做任何事情，都不能改

變情況，而且無能為力時，在那種狀況下，我們應該試著學習接受事實，而不是變得懊惱、憤怒或沮喪。極度的心理壓力、焦慮與痛苦的感受，只會讓事情變得更嚴重。如果我們對自己無法改變的情況感到非常憤怒與沮喪，那往往容易產生更多負面的業，如此，在未來我們甚至將經歷更多的折磨與痛苦。

再次以疾病的例子來說，我們或許試過各種方法來對抗疾病，但是沒有一項見效。那麼，承認那是我們的業導致我們生病，會比較好些。最好試著接受現況，而不是去對抗或否定它。盡量試著與疾病共處會是比較健康的態度，而不是做一些對我們自己的健康無助益的事，例如：否定疾病的這一個事實，或是對我們痊癒的力量有誤導的自信。

我們不應該用嚴格的、一對一的因果關係來看待業力法則。在我們的日常環境中，有如此多的因素。舉例說，假使我對他人做人身攻擊，這會牽涉到幾個因素：我的意圖、行動以及被我傷害的人，所有這些因素都會影響到我將承受的業報。如果我打的人，是個如人們所稱的卑鄙的傢伙，那跟打一位神聖、善良的人，例如德瑞莎修女或是達賴喇嘛，就會完全不一樣。我為甚麼打那個人，也必須考慮在內。業力法則不是那麼呆板、機械化的，彷彿你做了項特殊的行為，那麼某種結果就一定會顯現。即使是相同的行為，由於這些其他的因素，

業的果報可能會非常不一樣。因此，業力法則不是死板的、機械的，而是可塑且不定的。

　　好的行為，巴利文稱為「庫薩拉」（kusala），藏文是「給哇」（gewa），指善巧的行為（善業），能產生積極、肯定的經驗，創造出健全的性格。不好的行為，巴利文是「阿庫薩拉」（akusala），藏文是「米給哇」（mi gewa），指不善巧的行為（惡業），會產生種種有缺失的身心經驗。在《中阿含經》（Majhimma Nikaya Sutra）中，佛陀敘述善巧與不善巧的行為：「任何身、語或意的行為 — 導致自己、他人或自他二者痛苦的，那行為便是不善巧的行為。任何行為 — 身、語或意 — 不會使自己、他人或自他二者受苦的，那行為就是善巧的行為。」

　　這個說法很清楚地指出，任何時候我們做一件事時，我們應該考慮到自己的需要與他人的需求。只考慮到他人的需求是不夠的；而只考慮到自己的需要，也是不夠的。必須要有個平衡點。如果我們只想到他人的幸福，我們可能因此受苦。你可能知道有些人，他們認為應該要犧牲自己來利益他人，完全沒有考慮到自己的利益。當然有更多的人，他們認為應該要盡力提昇自己的幸福，而不去管他人。因此，善巧行為的意思是，將他人的需求與我們自己的需要，二者都加以考慮，以達到平衡。

　　根據業力法則，我們個人要對自己的行為負責。這

責任持續到未來世，屆時我們將因為我們前世所做的行為，而受到果報，不論是善或惡。這些過去的行為，對心理或內在的效應是，它們會造成我們的某種傾向與性格，那對我們人格的塑造與形成會造成影響。我們可以選擇，或者接受這些傾向，或者經由更深的自我認知、自律以及自制，去學習克服我們的負面傾向。

轉世法則是一種假設，可以用來解釋某些相當難以理解的事情。世界上普遍存在的痛苦以及不公平的現象，例如無辜的人們遭受身、心殘障或低下的社會地位，都可以用業力法則來解釋，而不需訴諸於某種神學的解決辦法。因此，「罪惡的問題」在佛教與印度教的處理方式與基督教是非常不一樣的。尤其是在佛教，那不是神學的問題，而是道德戒律的問題。

佛陀沒有以教條的方式，而是以戒律保證的方式陳述轉世法則。在《中阿含經》內，佛陀清楚地指出，相信轉世，能鼓勵我們過著有道德戒律的生活，保證我們具有愉快，且有意義的來生。而且縱使轉世不存在，我們相信它，也不會有任何的損失，因為過著道德戒律的生活，能使我們成為更好的人，能賦予此生意義與重要性。

5

大乘佛教

《助人即助己》

　　現在我們要轉向後期的佛教，也就是大乘佛教。大乘的傳統有兩個方面：經教傳統與密續傳統。大乘通常有別於早期佛教 —「希那衍那」（*Hinayana*），其字義是「小乘」。「大乘」則是「摩訶衍那」（*Mahayana*）。此處的基本要點是，小乘的信徒從較狹隘的視野或目標展開修道，小乘行者只想自己獨自達成證悟，這種行者不被認為具有遵循大乘道的根器。

　　如此審視時，我們應該知道，「小乘」不必然就是一些人所認定的「上座部佛教」（*Theravada Buddhism*）。在佛陀入滅後，佛教分化為十八個派別，其中之一是上座部。與大乘佛教關係最密切的的是「薩婆多部」（*Sarvastivada*），或「說一切有部」（*Pluralism*），他們主張精神與物質實體究竟存在。在龍樹（*Nagarjuna*）與月稱（*Chandrakirti*）這些大師的時期，最受他們批評的就是「說一切有部」。他們並未批評「上座部」。

所以，今日大乘行者批評小乘的教義時，我們不應該認為那是在攻擊上座部佛教。上座部佛教是今天斯里蘭卡、緬甸、泰國、柬埔寨以及越南這些國家所修持的佛教。（譯註：越南佛教受中國影響，主要是大乘佛教，但也有部分屬南傳佛教。）這是很重要的一點，因為「上座部」傳統是佛陀入滅後，所分化出來的十八個派別中，唯一存留下來的一個。

　　「舍羅婆伽」（*Shravakayana*），藏文是「涅托吉貼巴」（*nyen thö kyi thek pa*），意思即「聲聞乘」。有時，「聲聞乘」也被作為「小乘」（*Hinayana*）的同義字。因此，小乘不是指行者對某一特定宗派的忠誠，而是指在知識層次上聽聞教法，並加以吸收理解，但不去實修。藏文的「涅」（*nyen*）是「聽」，而「托」（*thö*）的意思是以智力徹底理解所聽聞的，但並未去做實修。因此，「聲聞」（*Shravaka*）是根器有限的人，他並未真正透徹理解佛陀的教法。

　　這說明了為甚麼大乘佛教徒認為，人們應該立志追求大乘，這等同於「菩薩乘」（*Bodhisattvayana*），而非小乘的觀點。大乘的信徒也被稱為「菩薩」（*Bodhisattva*），與小乘行者不同的是，「菩薩」這個詞是指那些希望能擴展他們心靈視野的人。菩薩不會限定只幫助自己，相反地，他們了悟到幫助他人，事實上也是在幫助自己。那就是菩薩乘，或大乘的理想。

如此，我們看到小乘與大乘不是決定於教義、宗派或信仰的體系，而是決定於修行者修持的內在態度。大乘行者認為，他們的目標不是僅在於消除自己的痛苦而已，更是要去除其他眾生的痛苦。他們致力於利益他人，因為他們了解幫助他人，其實也就是在幫助自己。

　　為了瞭解大乘佛法的概要，我要談談痛苦的因，解除痛苦所必須的道路或方法，以及修持此道路所產生的果實。大乘佛教的目標與早期佛教的目標沒有甚麼不同，都是要達到證悟。但是由於動機不同，證悟的質量在某種意義上是不相同的。小乘不必然以完全的證悟為目的，而是要達到所謂的「阿羅漢果」（Arhathood），「阿羅漢果」是指由於瞋恨、嫉妒與不滿等情緒所經驗到的一切煩惱皆已斷除的一種狀態。這種狀態沒有慈悲、體恤或關懷的態度。

　　假如我們要追隨大乘的道路，我們就必須發展關懷與慈悲的態度，因為除非我們能夠關愛他人，否則我們的成長就無法持續。以這樣的思惟，大乘行者努力去了解痛苦的原因，並且設法了解如何矯正這種情況。關於對待苦因的態度，小乘與大乘沒有實際的差別。煩惱障與所知障是痛苦的原因。煩惱障包括貪、瞋、癡、慢與嫉。所知障則是一種錯誤的觀念，認為有一個持久本質的我存在。小乘與大乘二者都了解，痛苦的根源是來自於，沒有正確地理解自己與自己的情緒。

根據大乘的傳統，小乘與大乘的修行目標，以及實現這個目標的方法，有些差異。如同我們在前面說過，小乘只關心自己的幸福，只想自己證得開悟，所以他們不具有像大乘行者般的根器。這不是說小乘行者從來不曾想過慈悲與愛。這類的態度或許是存在的，但程度上可能不像大乘行者一般。某些佛教典籍強調，自己證悟的重要性遠超過對他人慈悲的修持，但也談到慈悲喜捨四無量心的修持。

　　大乘佛教更進一步地說，一個人如果想要證得開悟，他需要一個具有雙翼的方式去做，雙翼就是指悲心與智慧。如同四無量心的修持法門所提到的，一個人可以經由禪修開展出智慧，卻無法只靠禪修慈悲而開展出悲心。在大乘佛教中，我們有些如「修心」（lojong）這樣的法門，「修心」的字義是「心的訓練」，但經常被翻譯成「施與受」。運用這系列心的訓練，是要逐漸破除我們頑固、根深蒂固自我中心的思想、感覺與觀念。在修心的方法中，我們將自己設身於貧困者的處境，以尋求發展出慈悲。但是大乘佛法認為，僅具有慈悲、幫助他人、關心並懷著利他的態度，這本身是不夠的，我們要與世界密切互動。禪修以及心靈上的修行，應該在每天的生活中進行，而不是只在寺院的環境下才做。我們必須確實生活在世界上，這種態度來自於大乘行者所說：輪迴與涅槃同一。這是甚麼意思呢？這是說，我們要離棄的不是這個世界；我們不是要規避所有的社會

責任，以尋求心靈的成長。最重要的是我們的態度，那是爲甚麼大乘行者說輪迴即是涅槃的原因，迷惑等同證悟，我們生活的世界緣起於我們的心。

大乘的修行者主要強調的是，我們對世界、對他人以及對自己的心與態度。如果我們有正確的態度，那麼，無論我們做任何事情都會是健全的。不要認爲我們的行爲是最重要的事情，並且固執於對與錯上面，而是要擁有正確的態度，那麼我們就能夠以適當的方法與世界互動。這是修道上慈悲的面向。

智慧，道的另一面向，來自於了解自他是不可分的，因爲每一事、每一物都是緣起的：心、物、有機、無機——存在於世界上的每一事物都是互相依存的，因此，無一物具有實質。這是進一步引申早期佛教的教法。早期佛教說一切無常，但它沒有說：無一物有持久的本質，以及任一物均是相互依存的。

大乘佛教詳細闡述萬法互爲因緣，無一能獨立存在，或具有自主的狀態，這即是空性（*shunyata*）的涵義，智慧源自於這樣的了悟。若一個人具有自存（*svabhava* 自性）的強烈想法，認爲有一個「我」存在於個人的身體內，與外界分離，那麼這人就無法自在地處於此世上。大乘佛法說，只要我們有這種信念，事實上我們就已經離棄這個世界，因爲我們已經自我封閉、隔絕並且與所

有其他事物完全分離。由於我們的貪與瞋，我們視外界為不友善或某種可以剝削和利用的事物。

如果我們想要自在地處於世界上，我們就必須克服這種想法，而克服這樣的想法之後，我們就能得到證悟。為了要做到這樣，我們必須開展慈悲與智慧。智慧的開展是由於我們了解到，我們一向認為全然是對立的自、他，事實上是互為因緣的。世界與自我，心與物質，主體與客體，所有一切都是互為因緣的。一旦我們有這樣的體悟，就很容易開展出慈悲。

慈悲與智慧是密切相關的。大乘佛法說慈悲與智慧應該如鳥的雙翼來使用。如果鳥只有一隻翅膀，它無法飛翔，同樣地，如果我們想要保持於高處，在精神領域上我們便需要智慧與慈悲。（稍後我們會了解如何開展這兩面向。）

大乘佛法教導我們如何在世界上不自欺、不瞋恨並且不逃避自己的責任。面對實際情況，了解培養智慧與慈悲即是在發展自己，這是不矛盾的。成為更慈悲的人，事實上是在幫助自己。我們不需要為他人逆來順受，或有自卑的態度，或成為一個幫倒忙的人。如果我們真誠地行事，以禪修與智慧所開展的理解，我們對他人的慈悲行為即可引導我們達到目標。

這個目標，從大乘的觀點來看，就是經由慈悲的開展，證得佛身，並且由於智慧的修持，證得佛心。我提到這一點，因為在早期佛教中並未談到這些。大乘的傳統裏，我們談到佛的三個面向，後面我會再加以解釋。這裡我只是將它們連結在一起，來說明這是目標。證得佛身與佛心的面向，意思是即使當一個人證悟時，這人並不是進入某種精神世界，完全脫離了事物的物質性。相反地，就某種意義來說，由於心的轉化，身體也轉化了。從大乘的觀點來看，心的轉化是重要的概念，而非心的淨化。我們志不在清淨心，而是要轉化心，因為即使是心，也不是自存、不變的實體。

6

菩薩行

《修與行合一》

　　依大乘佛教，我們的迷惑存在於我們內心的兩個領域：一個是情緒的面向，另一個則是概念的面向。這些也可描述為心的情感與認知兩方面。關於情感方面，心會生起如渴望、貪婪、執著、敵意、悔恨與悲痛等的情緒。關於認知方面，心會生起各類混淆的概念，尤其是對我們自己的了解 — 我們所認為的自我或我執。在心的情感與認知面向，兩者之間有著密切的關聯性。這個觀點通常與西方的理解形成對比，他們認為人應理智，若要有理性，我們必須控制感情。某些浪漫主義者則說，我們應該完全避開理性，因為感情比理智更寶貴。因此，重視理性的人通常不重視感情，反之亦然。

　　但是從佛教徒的觀點，迷惑這個問題並不純粹來自一個起源；它或來自於我們邏輯與概念的能力，或來自於我們的情緒與感情。這兩個來源都會產生迷惑的問題，對此我們必須有正確的了解。

如果是這樣，那麼我們必須找出能解決問題的道路。這道路有許多的面向，但基本上，它包括智慧與慈悲。慈悲與情緒面向有關，而智慧則與認知的面向相關。經由智慧，我們能夠闡明我們概念上的混淆，以及我們認知上的扭曲，而透過慈悲，我們能夠轉化我們負面的情緒。

　　大乘佛教究竟的目的不是要根除情緒本身，而是要在心的認知與情感這兩方面，轉化我們的心。最終，這道路將引導我們趣向佛果位，這也有兩個方面 ── 令人感到驚奇的是，佛教似乎喜歡數字，每一件事都被歸類；每一件事都分類為或二、三或五，或其它任何數目。當我們簡化修道的果位次第時，我們可區分為兩個面向：佛心的面向與佛身的面向。透過道上慈悲的修持，能引導我們了悟佛身的面向；而經由智慧的培養，我們能證悟佛心或認知的面向。我已說過這一點，但在這裡我想再扼要重述。

菩薩是甚麼？

　　遵循大乘佛法道路的修行者被稱為菩薩，甚至在早期佛教的文獻中，也可以找到菩薩的概念。舉例說，佛陀本生故事（*Jataka*）中，關於佛陀的前生，在佛陀未證悟之前，梵文稱他為「菩薩」（*Bodhisattva*），在巴利文的文獻中是「菩提薩埵」（*bodhisatta*），而藏文則是「蔣秋吉森巴」（*changchup kyi sempa*）。因此，菩薩的

概念不完全是大乘佛教的觀念或發明。早期佛教中，這個名詞是指一個人開始踏上修行的道路，並且邁向證悟之途。大乘佛教中也是一樣，菩薩並不等同於完全的證悟，或是佛果。差別在於大乘佛教認為，菩薩不是某些具有特殊品質與能力的人，相反地，他們說任何一個人，而且是每一個人，都能成為菩薩。這是為甚麼菩薩的概念，在大乘佛教中是如此重要的一部分。

菩薩最重要的特徵，即是慈悲這一要素，雖然在早期佛教所提到的慈悲，也與菩薩有關，然而特別強調菩薩這個面向的則是大乘佛教。根據大乘佛教的說法，證悟不是個人靠自己的努力各自去達成的，而是與他人的關係和互動而獲得，因此特別強調慈悲這一要素。

從大乘的理解來說，當我們自私自利、貪得無厭、想得到更多，不論是物質、名聲、愛情或任何其他物品時，我們就會失去與他人的接觸，失去與實際世界的接觸。代之而起地，我們活在一個完全由自己的欲望、盼望與挫折等塑造出來的世界中，那並不等同於外面的實際世界。

那是為甚麼大乘佛教要談論克服能、所二元，也就是克服心與物質世界的二元。當我們開展了智慧時，我們會了悟到，主體與客體二者，心與物質世界都具有相同的本質。那時，我們不再將世界看成有敵意或相異的，而是領悟到世界與我們相互依存，於是慈悲的開展就有了可能。

正式的禪修是一條孤寂的旅程，於其中，我們努力克服自己的內魔，並試著去接受與了解自己的各種心靈力量與狀態，這使得智慧得以開展。為了使修行圓滿，還必須輔以人際間的慈悲行為。在大乘佛法中，禪修與行持是攜手並進的。沒有智慧，我們不可能有真誠的慈悲，唯有在開展適當的智慧後，我們才可能有慈悲，而無偏私地為他人服務。偏袒的慈悲對我們來說不是太困難，比如說，我們對喜歡的人或寵愛的動物，可以很容易地感受到同情心。但從大乘佛教的觀點而言，更理想的是我們的目標應該要更超然，我們的慈悲應該要擴展到我們所喜愛的人、物之外，而這只能以智慧來達成。

如果慈悲中沒有智慧，則由於我們的自私、感情用事或需要，慈悲可能會受染污、變質。我遇見過一些人，他們因有「需要」而慈悲，而不僅只「是」慈悲。慈悲行為應該是一種「是」的方式，而不是一種「作」的方式。有時候伴隨著「作」慈悲之舉的整個想法，常有一些設定的目的，以致於表面上看來似乎最有同情心的人，有時候也可能是最自以為是的人。但具有真正的慈悲心，意即我們對各式各樣的群眾都能有慈悲；我們不會把人分為好與壞，那些在我們這一邊的是好人，需要我們的資助，而在另一邊的是壞人，擾亂了每一件事，因此我們應該要反對他們。社會運動通常都有陷入這種態度的危險。不是每個人都會像這樣，但有時候，人們進行和平示威，卻演變成暴動。

大乘佛教中，當菩薩遇見與他們的理念、想法或做法不同的人時，他們仍然會努力地保持開放的心態，盡可能以最好的方法溝通，並且去幫助那些甚至可能帶著敵意的人。必須要再次重申，佛教的慈悲不是某種被動的事情，這一點很重要。我在前面提過，西方人認為，情感和我們必然會有的感覺密切相關 — 就如同我們牙痛時，我們一點辦法也沒有一樣。佛教徒說，情感不是這樣的，像慈悲這樣的情感是積極的，我們可以選擇去體驗，並且付諸行動。我們可以選擇去開展並行使慈悲，這是有重大意義的。如同羅洛・梅（*Rollo May*）在他的書《愛與意志》（*Love and Will*）中闡述說，若個人感到無力做這樣的抉擇，那麼要他們去關愛與慈悲就非常困難。要克服這種無力感的唯一方法是，學習如何去愛，如何去生起慈悲，佛教徒同意這一點。

慈悲不應該與為他人受苦，或者和他人一起受苦有任何關係，而應該是從希望減輕另一個人痛苦的目的中生起。大乘典籍對「慈」的定義是，希望他人能有快樂與快樂的因；「悲」的定義是，希望他人能遠離痛苦與痛苦的因。這些是一般的定義，顯示出一種積極做事的方式，而不是讓我們陷入他人的不幸或絕望中。假如我們過度認同他人的痛苦，我們幫助那些人的能力就會減弱，心理治療醫生也提出這種看法：治療師過度認同他們病患的問題時，他們會發現幫助病人的能力降低了，這是因為治療師全神貫注在整個狀況的動態中之故。

兩種菩薩

　　菩薩有兩種不同的類型：理想的菩薩與渴求達到開悟的菩薩。「理想菩薩」是佛教聖眾的一部分。不像早期佛教，大乘佛教有許多證悟者的典型，虛構和眞實兩種。尤其是虛構的菩薩，被視爲典範，他們具體化某些菩薩的特質，如我們談到的觀世音菩薩、文殊菩薩與金剛手菩薩等。觀世音菩薩象徵慈悲，被視爲個人可以開展慈悲的榜樣。這不是說我們必須相信觀世音菩薩是眞正的一個人，而是說我們利用觀世音菩薩的形象，來思考我們如何能在自身發展這種慈悲的理想。同樣地，文殊菩薩代表智慧的具體化現，觀想文殊菩薩並且修持與之相關的法門，我們可以盡力仿傚文殊菩薩所具有的特質。金剛手菩薩是意志力的具現，因此他的形象可以作爲冷漠的對治，來增強我們遵循法道的能力。又如不動明王（*Achala*）菩薩（這名字表示「不動」*nonmoving*）是三摩地或禪定的具體化現。觀想所有這些菩薩，並且仿傚他們，以他們來對治我們的習性。如此，文殊菩薩成爲無明的對治，觀世音菩薩是自私的對治，金剛手菩薩對治冷漠，而不動明王菩薩對治散亂或焦躁不安的心，這些是理想的菩薩。

　　另一類菩薩則代表一種想法，即每一眾生都有能力得到證悟成爲菩薩。這兩類菩薩應加以區別，因爲對初學者而言，這些可能會令他們感到困惑；他們被告知應當要

實現這些（理想）菩薩，另一方面又被告知，他們必須要效法菩薩的行為，使自己能成為菩薩。理想菩薩具有菩薩的所有特質，或至少部分的特質。但那些隸屬第二類的菩薩，則需要培養尚未擁有的特質。在這第二類中，也有兩種：已經踏上菩薩道的人，以及其他具潛力的菩薩，在適當的機緣生起時，他們就能成為真正的菩薩。

成為菩薩

那麼，一個人要如何成為菩薩？必要且充分的條件僅有一個，那就是生起菩提心（*bodhichitta*），或證悟之心（*heart of enlightenment*）。「菩提」（*Bodhi*）的意思是「證悟」，而「祈搭」（*chitta*）表示「心」。

菩提心也有兩個面向，一個是相對的面向，另一個是究竟的面向。究竟菩提心（*Ultimate bodhichitta*）指心性本身，或我們所稱的「佛性」（後面我們會討論這一點）。相對菩提心（*Relative bodhichitta*）是慈悲的生起與培養。要開展這一點，只是思惟：「從今日起，我將盡我最大的努力生起慈悲，並克服以自我為中心，因這不僅有益於他人，同時對我們自己也有益。」這是不夠的，我們必須要正式的承諾投入，即受菩薩戒。我們都知道，與某人同居多年，這種關係與在婚約上簽字是不同的，不管如何，這是有差別的；因為我們公開作了正式的承諾，而不是只在心裡對自己說些話而已，這具有

約束的涵義。當我們承諾一件事，可能就會有更大的機率去持守到底，所以菩提心是以正式受戒來引生的。

大乘教法說，許下如此的承諾之後，菩薩不應該匆促地去求證悟。若有需要，我們有能力去延緩自己的證悟，因為做為一位菩薩，我們覺得讓他人先證悟比自己先獲得證悟好。我們沒有迫切感，而且可以說：「我將為饒益他人而作；我希望他人在我之前獲致證悟。」

一些西方學者或修行者在他們所寫的佛法書籍中，對這個想法很有意見，舉例說，彼得‧哈維（*Peter Harvey*），《佛教簡介》（*An Introduction to Buddhism*）的作者，他質疑，如果一位菩薩與佛有所不同，即使他有意願，他又如何能引導他人趣向證悟之境呢？菩薩也許因迷惑，誤認他們有能力如此做，但真要引導他人達到證悟，他們勢必要具備一定的能力才行。保羅‧威廉（*Paul William*）在他的書《大乘佛教》（*Mahayana Buddhism*）中提出一個不同的問題：談到延遲證悟一事，這不是很有問題嗎？因為它提出了一個可能性，不踏上菩薩道或許會更好；若踏上了菩薩道，則當其他的人都已經獲得證悟，而身為一位菩薩，將仍然停留在輪迴狀態。

重點是，不要將所有這些觀點陳述，完全照字面來解釋，而要了解這些陳述是關於態度的。藉著開展一位菩薩所能開展的無限慈悲，你會更接近證悟。反之，沒

有那種慈悲，證悟是很遙遠的。即使一個人拼命想要得到證悟，也是無能為力的。

創巴仁波切（*Chögyam Trungpa Rinpoche*）對這個概念，提供一個非常生動的意象。他說以正確的方式開始行菩薩道，就好像你坐在已設定好程式要前往目的地的車輛一樣，即使你不想去那裏，它還是會載你到目的地。我認為菩薩道就是像這樣的。若你有正確的態度，不論如何你自會獲得證悟。因為這是口耳流傳下來，真正大乘佛教的態度。但若你過度執著於經典，其文字並未明確表示一個人要如何實踐菩薩道，你可能會太過拘泥文字了。

寂天菩薩在《入菩薩行論》（*Bodhisattvacharyavatara*）的第一章說：「願我成為無家可歸者的庇護；願我成為飢餓者的食物；願我成為欲渡險灘者的橋樑。」很明顯地，寂天菩薩不是希望成為一位幻術士，好讓自己真正變成這些事物。

說了這些，我應該補充一下，此處真正的意思是，對他人慈悲的行為應該要超越物質的實際行為，例如佈施食物給飢餓者。當然，在可能的情況下，我們應該盡力做這些事。但是在不可能實際這麼作的時候，我們不應該認為：「若我們沒有實質的物品佈施，僅只是用精神態度，是不會減輕他人痛苦的。我的努力沒有效用，那僅是浪費時間。」我們不應該放棄練習。譬如，僅希

望衣索匹亞的人民能夠免除痛苦，即使實際上對衣索匹亞人沒有甚麼改變，仍可產生極大的利益。因為態度才是真正最重要的事情。若我們擁有由智慧生起的正確態度，那麼我們從慈悲發起的任何行為將是有效率且適切的。但若我們缺乏這樣開闊的視野，即使我們非常關注社會福利與公平正義，我們的態度仍可能會被自己的迷惑或心的蓋障染污、變調。

7

實現智慧與慈悲
《菩提心與波羅蜜多》

　　我們已經看到在大乘佛教中，菩薩的概念是修行者理想的形象，是所有追隨者應該努力效法的。現在讓我們更詳細地來看要如何達成菩薩行。

　　在第六章中，我簡略地提到生起菩提心，或稱證悟之心。菩提心有兩個面向：究竟菩提心指的是眾生本具的心性，而相對菩提心則是指慈悲。這兩者中的第一個，究竟面向與智慧較有關係，而相對面向則與慈悲關係較多些。如果我們想成為菩薩，獲致證悟，就必須實踐智慧與慈悲，這是以修持所謂的「六波羅蜜多」（*six paramitas*）來達成的。

　　梵文「波羅」（*para*），字義是「彼岸」，此處它的意思是超越我們自我的概念。一般從佛教的觀點，尤其是從大乘佛教的觀點，若我們想在修道上正確地進

步，我們必須超越傳統上對自我的了解。「波羅蜜多」，意指超越的行為，指我們的行為或態度是在一種非自我中心的方式下進行的。「超越」不是指某些外在的眞實，而是我們在世界上生活與感受世界的方式 — 不論是以自我中心，或是以非自我中心的方式。六波羅蜜多與跳脫自我心態的努力有關。此處我要討論前四個波羅蜜多〈佈施、持戒、忍辱、精進〉，這些都與我們的身體行爲有關，並且是屬於戒律的範疇。最後兩個波羅蜜多〈禪定與智慧〉則與心有關，那是第八章的主題。

佈施

第一波羅蜜多，梵文是「檀那」（*dana*），意思是「佈施」。在一部非常重要的大乘典籍《菩薩地》（*Bodhisattva-bhumi*）中，「佈施」的定義是「在不執著、任運的心態下，施予禮物及必需品。」佈施的本質是，在給予時沒有任何的執著或期待，沒有任何期待接受回報的想法。純粹是爲了做某件事本身，無任何附加條件。

在大乘佛教的傳統，佈施有三個面向，首先是物質層次上修持佈施—「財施」，這表示我們能夠竭盡全力，毫不遲疑地去幫助需要的人，並且我們不會因執著於自己的財富，以至於無法與他人分享。這種佈施作用於物質層次上，可減除人們身體的痛苦與貧困。

佈施的第二種面向是給予保護，保護人們的性命。這是說若人們處於危險狀態，我們會毫不猶疑地去幫助他們，我們不會退縮。若一個人被困在失火的房子內，我們必須採取行動來拯救那個人。若我們懷疑鄰居的小孩受到凌虐，我們不會認為那不是我們的小孩，我們沒有責任；我們要採取行動去保護那個小孩。

重點是，至少對菩薩而言，我們應該在任何時刻盡我們能力去保護生命。這應更進一步擴大，因為不僅是人的生命要保護，而且所有一切有情的生命都要保護。因此，如果在澳洲，我所居住的地方，一位現代的菩薩開車上路，意外撞到一隻袋鼠，他不應該如人們所說的加速逃逸，而是要停下來拯救那隻動物的性命。給予保護，稱為「無畏施」。

第三種佈施是給予精神教法與忠言，即「法施」。大乘經典清楚指出，法施有三個面向；第一是法施的對象，接受我們傳法的人。這個人必須有興趣接受教法或忠言。如果他人沒有興趣，那麼不論我們講得再多，不論我們多麼想給予意見，也無法起任何作用。因此，我們不要到處打電話：「喂，我是阿旺！」對方可能會說：「對不起，我不想聽你說教！」如果是這樣的話，我們為甚麼要堅持呢？但若是一個思想開明的人，這情況就是可行的。因此要注意接受法教的對象。

第二個面向是動機。當我們想傳授教法或給予建議時，我們應該要有清淨的動機，不要認為自己比較優越，或比對方懂得更多。上師的動機應該是清淨，沒有染污的。

第三個面向是傳授法教的方式。無著菩薩（*Asanga*）在《菩薩地》中說：「法施的意義是，以合理而無錯誤的方式解釋，並讓弟子能確實地把握住訓練的原則。」我們應該條理分明、合理且具說服力地給予精神上的建議，並且不要造成對方強烈的情緒反應，因為那樣只會讓受法者原有的迷惑更為增強。

持戒

第二波羅蜜多是「尸羅」（*shila*），「持戒」（藏文 *tsültrim*）。較好的翻譯是「道德規範」，因為所有的波羅蜜多都與道德倫理相關，而不僅只是持戒。持戒波羅蜜多的特點是要受持某些戒律。大乘的傳統中提到，沒有戒律就好比一個人沒有雙腳 — 沒有立足點，不能站立在地面上。如大乘經典所言：「就如同沒有雙腳就不能行走，同樣地，如果沒有戒律，就得不到解脫。」在西藏，戒律總是被稱為「楚清切康巴」（*tsültrim che kangpa*），意思是「戒律之足」。因此戒律被視為基礎，讓我們的修行能建立根基，或讓我們的修行與地基連結。

持戒波羅蜜多有三個面向。第一與約束有關，如不

殺生、不妄言。重要的是不應該衝動而犯下這類事情；我們必須學習克制。

持戒的第二個面向是積善，只克制自己不做壞事是不夠的，自制的同時也必須行善。因此，修行者要有健全的心態，思惟慈、悲與關懷，並且不要只注意負面的情緒，例如怨尤、不滿、敵意與仇恨。在藏文這稱為「給哇秋度」（*gewa chödu*），「給哇」（*gewa*）的意思是健全的，「秋度」（*chödu*）是積聚，因此我們要在自身積聚一切健全的、正向的事物。

持戒的第三個面向是行利益他人之事，而不僅只是利益自己。大乘戒律的特質在於強調利益他人。然而在大乘傳統中，不是要盲目的遵循戒律；戒律與規則和條例無關。大乘的觀念中，沒有所謂絕對的道德原則。戒律應該要善巧的持守，而非盲目地遵循，這與大乘的「善巧方便」（*upaya*）有關。

持戒也不應該出於害怕遭受懲罰，或渴望得到獎勵。在另一部經典中明白指出：「持戒不應該為了王權、天人的享樂，或帝釋、梵天、自在天的權位；不是為了財富的享受，也不是為了有形世界與其他經驗。不是因為懼怕地獄，害怕投生為畜生或鬼而去持戒。相反地，持戒是為了能成為如佛陀一般，能為眾生帶來快樂，並饒益眾生。」大乘佛法認為，因為想得到獎賞，或因為懼

怕而持戒，事實上可能會變成不道德的行為。

安忍

下一個波羅蜜多是「安忍」（*kshanti* 羼提），它被視為是瞋心、沮喪、怨恨、敵意這一類煩惱的對治。急躁、不耐煩的心會變成這類情緒的犧牲品。寂天菩薩在《入菩薩行論》中說：「當一個人持著一種帶惡意的態度，心就得不到平靜，由於無法得到歡喜與快樂，一個人會變得焦躁不安、不得安眠。」如果存著瞋心，被憤怒、怨恨的情緒所控制，心就會變得焦躁不安。如寂天菩薩所說的，我們甚至無法睡得安穩。寂天菩薩接著說：「總之，沒有所謂快樂中的瞋恨，因此當我們感到快樂時，是沒有憤怒的，憤怒與快樂兩者不可能共存。」

如果我們要平息痛苦 ── 這是佛法的究竟目的 ── 我們就必須克服心中負面的傾向，因為心的正面狀態，如寧靜與快樂，無法與負面的傾向共存。因此，培養安忍很重要。負面傾向會對我們的人生造成不良的影響，僅只是認出這些是不夠的，我們必須積極地修持安忍來克服它們。

寂天菩薩也說：「在快樂中沒有像瞋恨這樣的事情。朋友會討厭他，即使以慷慨來吸引他們，他們也不會停留。」只要我們不改變自己，即使我們用禮物賄賂來表示我們的關愛，他們也不會受騙，不會再是我們的朋友。

因此瞋心有各種負面的後果，不僅與我們的心靈修持有關，而且通常也與我們的人生有關。

　　修持「安忍」有三個面向：第一是如何與具有傷害性的人相處；第二與處理困難的情境有關；第三則是探討實相的整體。首先，菩薩必須學習如何與性格困難的人相處，那些具侵略性、令人討厭且煩人的人。許多大乘的教法提到，最好的方法是要知道，若一個人完全被瞋心所控制，我們應視這人為精神不穩定或酒醉，所以不能控制自己。若我們的行為與對方一樣，那是解決不了任何問題的。因此　我們必須正確地檢討情勢，並且明智地採取行動。

　　第二個面向與處理困難的情境有關。即使我們面臨困難，我們不該陷入絕望或感到挫敗。我們必須知道生活是不容易的，而困難是生活的一部分，我們不應該認為每一件事都會順利，或突然就掉入我們的口袋那樣，不費絲毫力氣。當困難生起時，我們應當努力去行使安忍與寬容，保持心的清明，而不要受到挫折與絕望的影響。

　　第三個面向稱作「探討實相整體」，那是智慧波羅蜜多的一部分，稍後將會討論。它的意思簡單地說：菩薩應該要了解一切事物都是因緣所生。我們經歷的困難不是永久的，因為一切依靠因與緣的都是暫時的，所以，任何時候我們不需要對所遭遇到的問題太過於執著或困擾。

精進

　　下一個波羅蜜多稱做「精進」（virya），通常譯爲「努力」（effort），但是我認爲「活力」（vigor）比較好些，因爲「努力」聽起來有些像是費勁工作的意思！但若我們有活力，我們就無需費力。舉例說，我們可能必須費點心力，才能將垃圾拿出去丟，然而有活力的人，可以毫不費力地去做這件事。有活力，我們就不會畏縮、陷入困境或被拖垮；我們的活力不會耗盡。

　　一部大乘經典內提到：「對那些努力的人，無與倫比的圓滿證悟並不困難，因爲只要努力，就能證悟。」即使是要獲致證悟，只要有活力，就不是那麼難做到。若是有活力、積極與毅力感，就不會有難事。另一部經典提到：「對於具活力精進的人，證悟是輕而易舉。」這些經文清楚指出，若我們全神貫注於修行，我們必定能夠達成結果。若菩薩決心要獲致證悟，那個目標就不再是遙不可及，這對我們大家而言都是眞實不虛的。

　　「精進波羅蜜多」是懈怠的對治。佛法提到三種懈怠：第一種懈怠是不作爲或缺乏興趣所致。你可能會問說：「有甚麼用？爲甚麼要做事？」於是你躺在床上連續三天三夜，骯髒的碗盤堆積如山等等。第二種懈怠來自於缺乏信心，總是想著：「像我這樣的人，怎麼可能達成任何事情？就算我嘗試去做，也不會成功。」甚至

在事情未發生之前就預期會失敗。這樣的態度預先遏止我們成功的任何可能。最後一種懈怠與過度活動有關，總是忙碌地做這做那，同時做三份工作。而沒事做時，你就打電話，或去拜訪人，持續不停的忙碌，阻礙了成就任何事情。我們需要修習精進波羅蜜多，來克服這些懈怠的習性。

精進也有三種，第一種稱為「披甲精進」，意指這是我們有意識的決定，直到達成目標，我們不會分心。這種堅定不移的決定，不會受干擾而分心。

第二種是「加行精進」，這與我們的身體面向有關。如此承諾後，我們行事需要善巧（upaya）。與他人互動時，菩薩必須十分善巧；某些負面的傾向，會有導致狹隘的效果，而正面的習慣，則會有開闊的效用。某些行為的特徵可能看來非常相似，以致於剛開始時，我們無法清楚分辨，但是經過練習，菩薩就能明辨其差異。舉例說，自大與自信可能顯得十分類似，但它們事實上是截然不同的。自大會令人的視野變得狹隘，而自信則令人振奮並且開闊視野。野心可能被視為果斷，執著被看成關愛；冷漠可能被誤認為冷靜，自我放任被錯認為自我反省。透過與他人的互動與修持精進波羅蜜多，菩薩逐漸明白與他人相處時的善巧與利他。

精進的第三個面向是「無饜精進」，佛教經常談到

要克服不滿足與不滿意，彷彿這些經驗都是不良、有害的。然而在某些方面，不滿意是必要的。不論過去我們已經達成任何值得我們驕傲的事，我們都不應該滿足，而是要更進一步地開展自己並求改進，這是個持續的過程。我們應該要有熱忱想要與他人的關係更加前進，並在精神與心理層次上發展自我。我們通常的不滿足、不圓滿、匱乏、貧困或不足感的經驗，可以也必須提昇到心靈的層次。我們絕不應該滿足於自己心靈的進步，認為：「這樣就可以。」或「那就足夠。」我們應該始終渴望在道上有更深、更高、更豐富的體驗。

8

智慧與慈悲間的連結

《禪定波羅蜜多與止的九次第》

　　大乘佛教六度波羅蜜多的觀念與早期佛教的八正道沒有太大的差異，兩者都著重於慈悲與智慧的培養，透過戒律（shila）、禪定（samadhi）與般若（prana）──戒、定、慧三學來達成。發展戒律能夠激發慈悲，而經由禪修，我們可以培養洞見或智慧。

　　若修行者從事禪修後，生起了智慧，但卻無法開展慈悲，問題就發生了。經由智慧，我們或許可以了解自我的本性，並且對實相有一定的了解。但是缺乏慈悲，我們就無法立足於世界與其他人互動。同樣地，有慈悲而無智慧，也許能讓我們與他人互動，但是缺乏智慧，則會讓這樣的互動受煩惱、妄想與錯覺所污染。

　　「禪定波羅蜜多」是智慧與慈悲之間的連結。沒有禪定的修持，而要以無我的方式修持前面四個波羅蜜

多，那是非常困難的。同樣眞實的是，不修持禪定，幾乎不可能開展出智慧。因此，禪修是自我發展，並且是心靈道上前進的關鍵。

在西方，禪修的意義與禪修的理由有許多不同的理解，禪修已經變得非常受歡迎。許多人，尤其是健康醫療專業人士，現在都認識到它的益處，有些人認爲禪修可以幫助他們活得更久，延長他們的青春，減肥或戒菸等等。禪修或許對這一切有幫助，但是在東方的傳統，例如佛教與印度教，禪修有更深刻的意義。修習禪定不是爲某一特定的理由，例如減輕壓力、增強運動時的專注力或是處理焦慮等。它著眼於我們如何整體看待自己的生命，以及如何整體地理解這個世界的脈絡 — 這只能由某種哲學或宗教的觀點來提供。

許多人對宗教這個觀念感到害怕而說：「我想要學習如何禪修，但別給我東方那些艱澀、意義含糊的話。我非常願意做呼吸的練習，或你教我的任何禪修。」在東方傳統，禪修是要從根本的方式來轉化我們自己，而不是只改變我們自己的某一個面向。轉化了我們自己，我們才能夠以適當而且有意義的方式來面對生活上所發生的任何事情。

禪修的梵文是「三摩地」或「禪那」（*samadhi* 或 *dhyana*），藏文是「森滇」（*samten*），中文譯爲「禪」，

而在日本通常稱為「zen」，那是中文的訛誤。藏文的「森滇」，基本上表示穩定的心，「森」（sam）就是心或思想，而「滇」（ten）的意思是穩定。心不易受干擾而散亂，能夠維持集中與專注，這就是禪修。在西方，禪修可以指思考或沉思問題，但是在東方傳統，它指的是不受干擾的心，能夠專注於禪修的對境上。

在第三章，我們看到佛教有兩種不同的禪修，「止」的禪修，梵文「奢摩他」（shamatha），藏文「息涅」（shi-ne），意思是「住於寂靜」。「觀」的禪修，梵文是「毘缽舍那」（vipashyana），藏文「拉通」（lhakthong），其意義是「勝觀」。

我們從「奢摩他」的面向，或「止」的禪修開始，因為若缺乏止，觀是無法開展的。有時候，「觀」的禪修也被譯為「分析式的禪修」，意味著這與我們一般所說冥想某一特別問題，有共通之處。它雖然涉及了念頭與概念的使用，但它考量的是念頭與概念如何在心中生起。

止的禪修不涉及念頭與概念。這不是說我們應該排斥或壓抑念頭與概念，當它們生起時，我們應該留意，知道它們的存在，並且試著將它們放下。修止時，我們不利用念頭，這與修觀不同。從一開始，我們就必須知道，甚麼樣的態度會阻礙或幫助我們在「止」禪修的進步。

修持的原則

奢摩他禪修（止禪修）本身沒有單一的修持方式；相反地，它有相當多樣化的方法。根據一般的佛教傳統，要創造適當的條件讓「止」生起，很重要的一部分是禪修者要控制感官方面、食物的喜好以及任何其他可能對心產生干擾或困惑的事情。保持這種平靜的同時，禪修者應該讓自己安適地採取「毘盧遮那九支坐姿」，這被推薦是最有益的禪修姿勢。它包括雙足跏趺坐、雙手疊置於腿上或置於膝蓋上、肩膀略為展開、頭略向前傾、背脊似箭般挺直、目光向下專注於鼻尖處、嘴唇微張、舌尖觸及上顎並且呼吸均勻放鬆。它暗示著行者應該克制並且不要擅自更改坐姿。這點很重要，有許多西方人喜歡改變禪修的姿勢，以配合他們個人的喜好。當然除非出於某種身體限制的考量，否則不應該考慮個人的偏好。

採取毘盧遮那坐姿之後，行者接著應該將心集中於呼吸上。我們不一定得使用呼吸作為所緣境，也可以運用其他的專注物，譬如佛像等。然而，使用呼吸作對境，是任何傳統的佛教徒都認為是最實際且最有效的選擇。我們應該自然地呼吸，不要太費勁，並且避免因過度的壓力與緊繃而大聲或短促地呼吸。若禪修者學習調和呼吸，以持續修止，那麼他的心將逐漸變得寧靜與安定。

在修止的過程，禪修者必須熟悉對治法的運用。對

治法是用來消除一般所熟知的禪修障礙。所以禪修者必須知道障礙是甚麼，也要知道對治它們的方法。我們甚麼時候應該採用對治方法，而甚麼時候要避免使用對治法呢？知道何時該用對治法，何時不該用對治法，這兩者一樣的重要。

禪修的障礙

「止」的禪修，有五種障礙或過失、八種對治法以及九個次第。（大乘的五種障礙與我們在第三章中討論的有關早期佛教的五種障礙不一樣。）第一種過失是懈怠（*laziness*），第二種是忘失（*forgetfulness*），第三種是昏沉與掉舉（*drowsiness and mental agitation*），第四種是不作行（*nonapplicaiton*），第五種是（過度）作行（*overapplication*）。八種對治法中，其中四種是懈怠的對治：信（*conviction*）、希欲（*inclination*）、精進（*exertion or vigor*）與身心輕安（*pliancy of body and mind*）。面對第二種障礙，也就是忘失的對治，是運用正念（*mindfulness*）。第三種障礙，昏沉與掉舉（這兩者歸類為一種障礙）的對治，是利用正知（*awareness*）。第四種障礙，不作行，其對治法很顯然地就是作行（*application*）。第五種障礙，（過度）作行，其對治採用的是平等捨（*equanimity*）。

《辨中邊論》（*Madhyanta-vibhanga*）中提到：「斷

五種過失，行八種對治法，心能得定，生輕安，能成就一切事。將心安住於止是因，止即是果。憶念止的利益，察覺懈怠與掉舉，滅除缺失或過患，運用對治法，達到內在的止 — 這些是八種對治法。」《辨中邊論》用略為不同的詞句，來表示使用八種對治法處理這五種過患的重要性。禪修者若沒有能力察覺出這些過患，或是察覺到過患，卻不能運用對治法，就喪失了對止的體驗。

1. 懈怠

第一種過失懈怠，可分為三類：第一類是引起自我否定的態度，例如認為即使我們努力，也不可能改善自己，覺得障礙太大了，靠自己不會有任何進步。第二類懈怠由習氣所生，即使我們有意願要禪修，並且知道禪修非常有益處，但由於某些生活習慣，或因為結交的同伴，或可能存在的內在習性，我們也許無法克服這些障礙。第三類障礙是缺乏興趣，我們想：「禪修有甚麼用？它不能真正改變甚麼，我將還是老樣子。」有這樣的想法，禪修會被認為浪費時間。

要克服這三種懈怠，我們需要運用四種不同的對治方法。第一種是確信，我們應仔細思惟自己的處境，並思考禪修的利益。我們應審視，若不禪修，會造成的持續傷害，並了悟若缺乏正念與正知，會造成多大的痛苦。舉例說，我們由於一時的憤怒，而對人或事作出強烈反

應，事後卻懊悔不已，希望當時沒有那麼做。

佛教談到身、語、意三門，由此造作業果。我們可以了解，由於缺乏正念，所造成的傷害有多大，不論是在身、語或意方面。如果當時有正念與正知，我們可能就不會後悔我們所做、所說與所想的那些毀滅性的事情。現在許多心理學家稱極端的憤怒、敵意與嫉妒為「有毒的情緒」，在藏傳佛教這類的情緒被稱為「毒」，意義是相似的。

當今的人們對情緒感到非常的困惑，因為我們有時候聽人說，表現自己是好的，我們應做個舉足輕重的人。而另一方面，當我們表現得十分積極時，我們卻可能因此而招致譴責與批評。嫉妒也是一樣。在某些情況，若我們不表現出嫉妒，我們的伴侶也許會指責我們不夠愛他。但在另一種情況下，展現出嫉妒，卻可能引起具佔有慾的指責。所有這些情緒都有毒害的效應，重要的是，我們要了解如何經由禪修，以集中與專心，將它們控制住。因此，我們必須開展確信，即第一種對治。只有當我們深信禪修的利益，以及明白散亂與迷惑等煩惱情緒所造成的傷害後，確信才會生起。

一旦確信生起，我們必須接著培養所謂的希欲。假使我們確實深信禪修有效用，而且應該維持禪修做為修行的一部分，那麼我們將會比缺乏確信、以敷衍的心態

禪修時，更自然地產生希欲修行的意願。當希欲存在時，就可以運用第三個對治懈怠的方法 — 精進。有了確信與希欲，對禪修生起熱情就不再困難了；而且，由於生起了希欲，精進感很容易就可產生。

這整個過程引導到最後的對治法，那就是身心的輕安。當我們不禪修時，心與身會變得僵硬，姿勢與表情僵硬，肌肉緊繃，結果心也十分的僵化、不靈活。透過禪修，並且運用對治方法，身心會變得柔軟靈活，這對於開展心的寂止很有幫助。

2. 忘失

第二種障礙或過失為忘失，對治的方法是正念。初步的開展，可藉由將心專注於一項外物上。通常建議禪修者使用一件小物品，例如小石子或一根木條，將注意力繫在上面。經一段時間之後，注意力可以轉繫於呼吸。開始時，可以利用數息，數到五、五十或是任何數目，然後回到一，再重新開始，一再再地重複。最後我們可以使用心中生起的念頭與情緒，做為禪修的所緣境。在所有這些情況下，最重要的是，當我們意識到我們已經散亂或失去注意力時，不要忘記再回到禪修的對境。一旦我們覺察到，我們就應該努力試著回到禪修的對境上。當然，我們也可以在日常生活中練習正念 — 開車、洗碗、遛狗。如果我們能夠將心專注在任何自己正在做

的事情上，那就被視爲禪修的一部分。

3. 昏沉與掉舉

第三種障礙或過失是昏沉與掉舉，這兩者被合併爲一類。要消除這兩種傾向，我們須運用正知。當我們使用外物，例如將心專注於呼吸上，專注於心的變化過程等，以開展並培養正念時，我們就可能修習正知。若無正念，禪修的這兩個基本障礙，昏沉與掉舉，幾乎不可能被察覺。即使心中沒有生起特別擾人的念頭，沒有強烈的情緒，且有一種類似平靜的樣子，然而其中並無眞正清明的感受，心是昏沉的，導致一種睏倦或恍惚的感覺。這比掉舉，也就是內心持續不斷的雜念、碎語與對話，還有那些破壞我們禪修的高漲情緒更難察覺。我們應利用正知來偵察是否有昏沉與掉舉的存在。

4. 不作行與（過度）作行

第四種障礙是不作行，其意思是沒有使用對治法：四種對治懈怠，一種對治忘失與一種對治昏沉與掉舉的方法。在任何適合使用它們的地方，我們都應盡力的運用這些對治方法。

第五種障礙是（過度）作行。經過一段時間的修持後，我們可能發現，即使不需要使用對治法的時候，由於習慣使然，我們仍然會使用對治法，而不是讓心安住於止的自

然境界。所以，此處應該使用平等捨的對治方法。

這是對應於五種過失或障礙的八種對治法。很明顯地，禪修是個漫長且艱難的過程；它不可能總是愉悅的，而且不必然會導向持久樂的覺受。正如同印度的大成就者（密續瑜伽士 mahasiddha）薩惹哈（Saraha）所說：「當我刻意用力並緊緊守住對境時，我變得擾動不安；當我比較不用力時，我則被昏沉征服。要平衡這兩種傾向非常困難。當我禪修時，我的心就被擾亂。」因此在運用對治法的時候，如何找到一個平衡，始終是一個問題。禪修就是在學習，於需要時如何運用對治法，且不要過度使用，或學習何時實際上並不需要它們。這是我們自己必須找出來的。

九種次第（九住心）

五種過失和八種對治法與「止」的九種次第有關。第一種次第稱為「內住」（resting the mind）。開始時，我們一方面不斷地努力去克服障礙，另一方面努力去運用對治法。逐漸地，我們或可以在障礙生起，並且擾亂到禪修的狀態之前，將心安住一小段時間。由於缺乏經驗，我們可能無法有效地運用對治法，因此很難再回到禪修的對境。幻想、情緒與念頭可能會將我們淹沒，使禪修變得十分困難。但是經過不斷的努力，我們會達到下一個次第，那就是「續住」（continuous resting）。

在這個階段，我們發展出了較大的能力以運用正念與正知，如此當障礙生起時，我們可以回到禪修的對境，而不會被淹沒掉。在第一與第二個次第時，主要的障礙是懈怠，其特徵是缺乏興趣，對禪修缺乏希欲，或是對禪修的利益缺乏確信，行者應該時時思考這些事情，我們應該反思自己的生活與人生經驗，我們是如何因錯誤扭曲的念頭與負面衝突的情緒，而遭受到痛苦。

「止」禪修的第三個次第叫做「安住」（repeated resting）。在這層次，我們不僅有較大的能力來運用正念，而且也發展出技巧來處理昏沉與掉舉這些主要的障礙。能夠維持在禪修的對境上，僅只是第一步；能夠覺察昏沉與掉舉的根本障礙，則是在此次第開展出的善巧方法。

第四個次第是「近住」（immediate resting）。一旦有某種障礙出現，我們經由正念就能即時回到禪修的對境上，或昏沉與掉舉一產生即時就能察覺。散亂分心的程度大為減低了。在這階段，我們不再為第二種的障礙，忘失 — 無法回到禪修的對境 — 所苦。我們已或多或少掌握了正念的修持。然而懈怠與其他的障礙仍然存在，只是粗重形式的掉舉不再出現而已。

昏沉與掉舉的障礙可以顯現成粗重或微細的形式。達到第四個次第的行者，不僅已能克服忘失的障礙，並可以克服一部分昏沉與掉舉的第三種過失。昏沉雖尚未

能全被對治住，但相當一部分的掉舉已被平服了，尤其在它比較明顯的面向上。此時越來越需要進一步地依靠正知，而不是正念；由於已經掌握了正念，而且在這一階段忘失不是問題，我們必須更加警覺地，去偵察昏沉與掉舉的過失。行者必須嚴密地應用正知的對治方法，而不需擔心過度使用對治法。

第五個次第「調順」（*vigorous discipline*）。由於已經做到了正念，行者感覺到更多的自在，心不會掉舉或焦躁不安。然而有關禪修的經論說，這是個非常危險的階段。由於已能調伏某些粗重層面的掉舉，沒有情緒或念頭盤據心中，行者可能沾沾自喜，或感受到明顯的無聊乏味。由於沒有生起真正的掉舉，行者可能特別容易受到昏沉的禍害。心非但不能清明地安住在止的境界中，反而完全喪失了清明。由於懈怠的障礙仍然未被克服，一種無聊與乏趣感可能會產生。在這階段行者要特別留意於昏沉、困倦或恍惚的過失。

「止」的第六個次第是「寂靜」（*pacifying*）。此時，行者不僅能夠處理粗重的掉舉，並且能處理昏沉，尤其是粗重的昏沉所產生的障礙。細微的昏沉仍然未能克服，因為這種障礙通常比細微的掉舉更難察覺。

「止」的第七個次第被稱為「最極寂靜」（*thoroughly pacifying*）。在這層次，懈怠仍然可能偶而生起，但不是

大問題，因爲已牢固地樹立起了確信，我們不會再受到不同傾向的懈怠所引誘。在這階段，微細的昏沉與掉舉仍然可能持續發生。我們必須持續保持警覺，以免過度使用對治法。在克服某些障礙時，老禪修者出於習慣，可能會持續使用對治法，而實際上他們應該運用的是微細的正知。譬如說，與其刻意去運用正知，行者更應該以一種溫和且超然的方式使用正知。行者應該修平等捨，並且逐漸試著破除那種視障礙爲惡，與視對治法爲善的態度。他們應該了解，不需費力，也無須刻意採用相關的對治法，透過微細正知的實踐，就可證得寂靜定境。基於這樣的理由，往昔的祖師大德都建議，此時行者應該放鬆，並且嘗試自然安住在定境中，而不是使勁的運用對治方法。

第八個次第是「專注一趣」（*one-pointedness*）。現在我們已經克服了所有的障礙，甚至心的昏沉與掉舉的根本障礙，包括粗重與微細（或說顯現與隱藏）兩種形式。行者不需要運用止知來保持定境，因爲障礙不再是問題。這就是專注一趣的達成。禪修已經變成很自然的一件事，一種存在的方式，而不是一種必須利用對治法來抵抗障礙，才能創造出來的事情。

第九，也是最後的次第稱爲「等持」（*resting in equipoise*），那幾乎是「止」禪修的最高點，完全嫻熟於身心的輕安。

9

觀的禪修
《般若波羅蜜多與中觀學派》

　　第六波羅蜜多是關於「觀」（毘缽舍那 vipashyana）的禪修。「止」的禪修側重於使心穩定，而「觀」的禪修則專為洞見或智慧的生起。在我們修習「止」的時候，對於高漲的念頭與情緒，我們只有興趣學習如何將心安定下來，與如何克服散亂。而「觀」的禪修，則運用到念頭與概念。但「觀」必須以「止」為基礎。

　　根據大乘佛教，第六波羅蜜多是所有波羅蜜多中最重要的，因為沒有洞見或智慧，所有其它波羅蜜多都將停留在世俗層面，無法呈現出精神上的意義。例如佈施、安忍、精進等波羅蜜多，甚至「止」的修持，都會被我們根深蒂固的習慣，或是頑固的煩惱與妄念所損壞。但經由「觀」的修持，則可以克服這些障礙，如此我們對其他波羅蜜多的修持，就可以成為真實的，而非暫時的。「觀」的禪修涉及思惟與沉思的方式，利用思想與概念，經由如此的培養，我們開始更加了解自己，以及自己與

外界及實相的關係。

　　其它波羅蜜多以開展慈悲爲導向，它們的修持，不足以使我們獲致證悟；而只培養智慧，也無法讓我們達到證悟。然而，使用「觀」的禪修，可以將所有波羅蜜多適當的結合在一起，並達到證悟。智慧與慈悲必須攜手並進，如我前面提過，這是非常重要的一點。人們經常批評佛教徒缺乏社會意識。他們說，佛教徒強調證悟、無我與禪修的觀念，卻忽略了日常生活的社交面向。然而大乘佛教的著重慈悲，意謂著大乘佛教認爲我們與他人，及其他生物間的彼此關係，其重要性不亞於我們獨自安靜的禪修。

　　在《菩提道燈論》（*The Lamp of Enlightenment* 藏文 *Changchup Lamdön*）中，阿底峽尊者說：「有觀而無悲，有悲而無觀，俱說爲繫縛，二者不應離。」花費時間來禪修，盡力了解自己以及我們與世界的關係，是非常重要的。同時，從事各種對自己，並對他人有益的外界活動，也很重要。在大乘佛教中，慈悲有著更廣的涵義，比我們一般對這個詞的了解更多。此處慈悲包含對所有人行佈施、容忍與了解，並不是只對貧困或遭受痛苦的人生起慈悲而已。

　　「觀」禪修的思惟形式，與我們所謂的禪修式思惟有關。它不是推測的，而是一種與實際生活有關的思惟

方式。這表示說，從事這類的思惟，就轉化我們自身而言，具有直接的作用。它可轉化我們對自己以及對世界的觀點。因此，雖然觀的禪修使用邏輯與推理，它並不只是在討論抽象的事件，它涉及真正的問題，討論我們如何生活與經驗這個世界。

基於這些理由，在觀的禪修中，我們思惟這個問題：甚麼是自我？我們也思惟自己與外界的關係，以及究竟實相的本質。即使我們已經禪修多年，這類的思惟還是十分重要。如果我們一直在修「止」，但不曾作「觀」的禪修，我們將無法真正的了解到甚麼是自我的意義，或者甚麼是我們與外界及究竟實相之間的關係。假如我們沒有這種了解，那麼痛苦的根源 — 無明，將永遠無法被根除。

中觀學派

大乘佛教哲學的各個面向，通常被用作「觀」禪修的基礎。大乘佛教有兩種主要的學派：一派是「中觀」（*Madhyamaka*），另一派是「瑜伽行」或稱「唯識」（*Yogachara，Chittamatra*）。我們先從「中觀」開始談。

在第一章，我們略為談到中道的觀念，以及我們對自己、世界的本質與究竟實相的了解，通常會落入常見與斷見兩個極端。持常見的人相信有一種持久、不變、

永恆的我，存在於我們的身體以及我們經常經驗到的念頭、感覺、情緒與記憶之內或之外。而持斷見的人認為沒有自我這樣的事物，甚至也沒有心，只有物質世界是真實的；在這種唯物的態度下，任何自我或心的概念，都被貶低為大腦作用或生物機能。

不同的哲學與宗教，主張真實不變的概念或絕對論。有些以個人的、有神論的方式來理解，而另一些則是以非人格的、形而上學的方式來理解。但這兩種情況，均相信有一種不變、永恆、絕對的真實，它有實體且俱生存在。還有，物質現象例如桌、椅、山、房屋與人，都被認為具有俱生存在與持久的本質或實質。依據大乘佛教，這種觀點來自於無明，而持久存在的概念導致了痛苦。佛教論師陳那（*Dignaga*）說：「當有我時，就會意識到他，從我與他生起了獨立存在的信念，而從這二者合一所產生的對立，生起了一切禍害。」

由於我們的矛盾情緒、我們的焦慮感、我們的流離失所與脫節之感，生起了一種根本概念：認為有一個我，封鎖在我們自己的身體內，並且完全獨立於外在世界。當這些概念形成時，各種矛盾的情緒就產生了，例如貪婪、執著、瞋心、敵意、想要占有某些事物、刻意避開我們想要避免之事。陳那論師指出，從此處，所有的罪惡與痛苦就產生了。中觀哲學運用空性的概念，以矯正這些輪迴眾生的過患。當我們了悟到經驗的事物中，沒

有俱生本質，就可減少我們執著這些事物的傾向。了解空性，讓我們能如實地看世界，而不會相信我們迷惑的心所見到的世界。空性（*shunyata*），在中觀哲學裏，不表示事物不存在。它不表示我們在世界上的每日經驗是完全謬誤的，並非一切是一場夢。在西方，許多人認為那正是大乘佛教所說的。只因為事物缺少俱生存在性（自性有），沒有永恆持久的本質，並不表示它們就不存在。山、椅、桌、房屋、人、車、電視全都存在，但是它們沒有俱生的存在性。

這種謬誤是如何產生的呢？謬誤不在於認為事物存在，而在於認為事物有某種持久的本質。我們在生活中製造了許多問題，正是因為我們賦予事物過度的重要性，認為它們具有持久的本質。我們變得過度認真，開始執著，緊握而且無法放手。但若我們能了解事物沒有持久的本質，或無實體，我們就能更靈活，更不固執己見，並且更包容。空性的意思是沒有俱生的存在，無實質，或無實體。

中觀哲學利用各種推理來辯證事物沒有持久的本質。這裡我給一個例子，與因果關係有關。龍樹尊者（*Nagarjuna*），中觀哲學的創建者，在他的著作《中觀論》（*Mulamadhyamaka-karika*）說：「不自生，不他生，不共生，不無因生。」這意思是說，諸法的存在不是因為自存的因生出自存的果。如果事情由自己生出，完全

獨立於其他事物，它應該能夠不斷生出某些果，但那不曾發生（不自生）。諸法也不是從其他事物，另一個自存的個體生出。如果是那樣，那事物本身與他物之間就沒有因果關係。因果之間必須要有某種同性質的關係，如果我們考慮事物本身以及生出他之物，都是自存而且彼此完全獨立，這種同性關係是不可得的（不他生）。諸法不能由自他二者而產生，因為這種觀點牽涉前二種觀點的缺失（不共生）。如果事情是從自己以外的他物所產生，那麼因果關係的整個觀念就陷入危險，每一件事都變成隨機的；任何一件事物都可以生出其他的任何事物。如龍樹尊者所說，這會導致整個因果觀念的瓦解（不無因生）。

緣起

那麼，諸法如何生成呢？它們的產生是由於所謂的「緣起」（*interdependent origination* 或 *pratitya-samutpada*），也就是由於因和緣。這表示諸法無俱生的存在，因為如果諸法有任何實質或是獨立存在，就不需要整個因果關係的概念。龍樹尊者說：「『自性有』（俱生存在）從因緣所生，這是不合邏輯的，因為若『自性有』從因緣所生，一切『自性有』將因此成為依情況而定。依情況而定的『自性有』怎麼可能存在呢？『自性有』不是依情況而定的，它也不依賴其他事物。『因果』這個概念含有『諸法依情況而定』的觀念。沒有任何個體可以僅依賴自己，而不依賴其他事物而存在；沒有自給自足的

個體。一切事物都相互依存。存在於物質與精神層面的每一件事物，都包含了相互依存，或緣起的概念。」

　　大乘佛教的祖師大德說，有兩件事阻礙了我們了解這個事實：第一個障礙是後天的，而另一個則是先天的。後天的障礙由教育文化或宗教累積而來，我不想用洗腦（brainwashing）這個詞，雖然那是立刻浮上心頭的字眼。我們從來就是在特殊方式下，被反覆地灌輸，因此我們不曾停下來審視我們從教育以及從一些熟悉的概念所吸收的真理。不論它們真實與否，我們沒有去審查，我們就只是接受為事實。這些想法與常見和斷見這兩種極端的見解有關。

　　另一個障礙是先天的，意思是在人類的狀態中，有一種本能的信念存在，認為諸法確實具有持久的本質，雖然這些想法沒有被明確闡述或清楚表達出來。第一種障礙比較容易處理，因為透過理性的了解（如中觀哲學），我們可以破除許多這樣的錯誤觀念。先天的障礙則較難克服；即使在知性上能有所了解，但通常只有透過直接的體驗，我們才有可能真正理解，才能根本改變思考的方式。基於這理由，我們需要空性的直接體驗。然而，知性上的了解與直接的體驗，可藉由運用概念、論証等等的間接理解而聯繫起來。概念性的了解，可以為我們指出正確的方向；然後我們對空性才可能有直覺或直接的了解。

禪宗有使用「以指標月」的例子。概念是有助益的，只要我們不是只看著手指，而忘了看月亮。以指標月是有幫助的，因為你知道要看甚麼地方。同樣的方式，不應該低估概念的理解。即使它沒有傳遞最終的果，可以這麼說，它是必要的。透過概念性的了解，我們逐漸培養出直覺的了解，消除對事物具有持久本質、實體或俱生存在的先天信念。

空性

經由此類的分析，禪修者了悟到實相不落入常見與斷見的兩種極端。佛陀與龍樹尊者都曾說，緣起的觀念與空性的概念相同。龍樹尊者也說「性空緣起」，「緣起性空」。因此，當我們說諸法互相依存而生，或是說諸法依因緣而成立，這和說諸法自性空是相同的。龍樹尊者對這問題沒有任何懷疑；他說：「因互相依存而生起，即稱為空性。這樣的領悟是中道的理解。由於沒有任何一件事能獨立生起，沒有任何存在的事不是空性，因此空性與緣起指同件一事，這就是中道。」

透過緣起性空的了解，我們就能擁有正見，可以避免常見與斷見兩種極端。在中觀的哲學，究竟實相不是存在於平日面對的經驗實相之外的事物。相反地，空性是我們所生活的這世界的本質，因此，經驗世界的本質就是究竟實相。

通常哲學與宗教在創造物與創造者之間會有強烈的對比。究竟實相與經驗實相之間存在著巨大的間隙。這對西方形而上學體系（*metaphysical system*）而言是真實的，在這體系中，究竟實相不受時間影響，不變與清淨，而經驗實相則不清淨、不斷變化且不圓滿。中道的觀點，在經驗實相與究竟實相之間，假設了一種辯證的關係，在這一點上它們是不可分的。究竟實相只可在經驗實相中找到，不會在它處；同樣地，經驗實相也不能被否定或低估，這就是中道。

　　空性，非但不是斷見的觀念，反而是非常積極的觀念。正是因為空性，任何事情從一開始就可能存在。如果任何事物有持久的本質或有某種實體，我們就需要有一種靜態世界的概念。但世界是動態的；並不是空性造成事物的成立，而是空性允許事物的成立，就如同虛空允許任何事物存在。虛空經常被用做空性概念的比喻。假如虛空被某件物品佔據，就沒有空間可以再給其他的物品了。就是因為虛空，所以任何事物、且每一事物都能建立。同樣地，空性允許任何事物存在。沒有空性，任何事物就不可能存在。

　　由於無法想像事物不存在或永久存在，龍樹尊者在《中觀論》中做了下面的論述：「當空性成立時，整個宇宙就可成立。當不能體悟空性，認為世界真實時，便產生了荒謬。」因此，空性不是在詆毀世界，而是在肯

定；因爲空性，世界才存在，我們才存在，並且有所謂
的修道與修道的目標。（「以有空義故，一切法得成。
若無空義者，一切則不成」。「若誰有此空，彼有一切
義。若誰無空性，彼一切非有」。）

根據中觀學，另有一種方法可了解經驗實相與究竟
實相之間的關係，即經由二諦的概念：相對或稱世俗諦，
以及究竟或稱勝義諦。世俗諦是指對存在的經驗世界的
理解，它包括我們理解這世界的扭曲方式，認爲世界有
某種俱生的存在。勝義諦則是對究竟實相，以直覺的理
解、洞見與智慧，而感知爲空性。

龍樹尊者提出這個觀點，他說透過世俗諦的了解，
我們就可以約略領會勝義諦。如果我們忽視或否定我們
對世界如其所是的經驗，我們就永遠無法獲得任何洞察
力。如龍樹尊者所說，不依靠世俗諦，就無法了解勝義
諦。再次以二諦的概念，我們可以見到二者如何互相依
賴，勝義諦並非獨立存在於世俗諦之外。事實上，唯有
透過世俗諦的了解，才能了解勝義諦；因爲事實上，勝
義諦即是世俗諦的本質。只有這樣的了解，我們才有可
能建立中觀見，這即是此特殊宗派名字的意義。

否定任何事物的俱生存在性，不表示否定事物本
身——像房子、汽車等，了解這一點非常重要。龍樹尊
者不是唯一如此主張的人，他一再警告我們，不要以這

種方式來詮釋空性。在其他的大乘經典中，也提到同樣的要點。在一部名為《寶積經》（*KönchokTsekpa*）的經典中，佛陀說：「寧可認為實我的存在如同須彌山一樣明且大，也比傲慢的認為空性不存在來得好。」（「寧起我見積若須彌，非以空見起增上慢。」）

龍樹尊者說，即使一個人對我的俱生存在性沒有正確的了解，認為有一個不變、永恆的我，這也比認為完全沒有我，或任何事物都不存在來得好。擁有一種傳統的自我觀念，以及傳統事物與個體的存在性，畢竟還是有其日常實際的價值。而另一方面，斷見則有極端的危險性，因為它毀壞了所有佛教理論與修持的道德影響。龍樹尊者甚至說，相信諸法有持久本質或實體的人，和牛一樣的愚蠢；而說諸法全然不存在的人，則比牛更愚蠢。（我無意冒犯牛兄們！）

而且，智者既不執著存在，也不執著不存在——這就是中道。那些透過思惟、沉思、分析與禪修而開展出洞見的人，就能夠超越這樣的概念。這是為甚麼智慧是六度波羅蜜多中最重要的一項，沒有智慧，所有其他波羅蜜多就沒有意義。沒有智慧，我們就不能了解其他波羅蜜多沒有俱生的存在，道德戒律也是一樣。如此的了解僅能藉由洞見的培養而獲得，即正確地理解實相與自我的本質。

這一點佛陀在經典中明確地指出：「即使一個人長時間持戒，並以千萬劫的時間修止，若不能正確地了解空性的教法，則解脫是不可能的。了解一切實相沒有俱生存在性的人，不會執著於此。」

　　要點是：透過空性的理解，一個人就能夠克服依戀、執取與貪婪。菩薩尋求克服執著，並非要割離世界或對世界漠不關心，而是為了要更加涉入世界。菩薩與他人之間，自我與世界之間，不再存有二元性 — 因為自我與世界二者具有同樣的本性，就是空性。因此，菩薩能夠以更有益、更廣泛的方式來行大悲事業。如同這部特別的經典明白指出，縱使我們依據戒律做正確的事，但若缺乏智慧，我們無法從中獲得完全的利益。

10

心的角色

《瑜伽行派與佛性》

　　大乘佛教哲學的另一宗派是「瑜伽行」（瑜伽洽納 *Yogachara*）。在此處，「瑜伽」（*yoga*）的意思是禪修，而「洽納」（*chara*）是修行。因此「瑜伽洽納」也被譯作禪修學派，強調禪修的首要在於了解究竟實相（並非中觀學派就不作禪修）。

　　這一宗派也稱作「唯識」（*Chittamatra*）—這個詞在西方引起很多爭議，它通常被譯作「唯心」（*mind only*）。這導致許多大乘佛法的口譯者認為，這個特殊的宗派否定外在世界的存在，認定萬法只存在於心。因此，他們認為大乘佛教與西方所謂的「唯心論」（*idealism* 或譯作「觀念論」）是相同的。英國的唯心論者，如柏克萊主教（*Bishop Berkeley*），他主張唯有心中的觀念是真實的，除此之外，無一物存在。這和唯識論者所說的一切唯識，是不相同的。唯識論者所表示的是，我們感受的外在實相依賴心。換句話說，只有透過我們的心，我

們才可能接觸到外在世界。

中觀學派強調空性的概念，而唯識論者著重於心。他們說，了解我們對外在世界的感受是如何依賴我們的心，我們就能夠理解空性。

自性的三個面向

唯識論者闡述自性（或眞實）（梵文 *svabhava*）的三個面向。第一是「遍計所執性」（梵文 *parakalpita svabhava*），或被譯爲「理論概念層次的自性」。瑜伽行論者說：當我們在不同層次 — 感官層次、概念層次或道德層次 — 審視事物時，我們可以瞭解我們所經驗到的事物，被我們的假設、偏見與嗜好染了色。這表示，在究竟意義上，沒有客觀眞實的事物。

舉例說，在感官的層次，我們以視覺來感知樹木或汽車，但沒有樹木或汽車能獨立於心之外存在。昆蟲不會像我們這樣地去認知樹或車，因爲它們缺乏我們那種對樹與車的概念。這些是加諸於感官印象上的精神建構（*mental constructions*）。就概念而言，我們可以說上帝存在，或是上帝不存在，但這兩種說法的任何一種要絕對眞實，就必須要有獨立存在於人心之外的證據。這也適用於倫理與道德。當人們討論像墮胎之類的議題，認爲那永遠是錯誤的；他們是假設，有某種本身絕對正確，與人心無關的事

情存在。從這意義上，瑜伽行論者說，沒有絕對的眞實。如我們見到的，中觀哲學認爲諸法沒有持久的本質，且沒有任何的俱生存在性。基於此，瑜伽行論者說，我們所經驗到的每一件事情，都是與人心相依的。

自性的三面向（三自性），第一是「遍計所執性」。第二個面向稱爲「依他起性」（*paratantra svabhava*），通常譯爲「相依」層次的自性，這是指在識之內精神現象的流動，及我們將概念具體化的方式，建構出主客體的二元論。自性的第三面向，也是最高的面向，稱爲「圓成實性」（*parinispanna svabhava*），或「究竟眞實」（*ultimate reality*）。這個層次完全沒有任何主客體的二元性。

對修行者而言，「依他起性」是最重要的層次，因爲這個層次連接了「圓成實性」與「遍計所執性」。經由禪修，我們可以藉著淨化依他起性之主客分別，來削弱它的基礎，從而洞察自性第二面向空的本性。根據瑜伽行，透過修行與思惟，行者了悟到，我們在「遍計所執性」層次所接受的，大部分都與眞實無關。這不是說任何事物都不存在，而是說我們經驗到的事物都是扭曲的。

基於此理由，「依他起性」被視爲是基礎 — 有一部分是迷惑的，有一部分是不迷惑的 — 浸染著「圓成實性」。由於「依他起性」是「遍計所執性」的基礎，它可以被看做是「遍計所執性」與「圓成實性」之間的調解人。

我們不應該認為自性的這三個面向完全不相同，由於三者全無自性，並且只有與迷惑的心有相關時，我們才可能談論它們。雖然瑜伽行論的學者接受空性的概念，在我們如何經驗這個世界以及如何與世界互動上，他們強調心的重要性與創意的角色。根據瑜伽行哲學，我們迷惑的來源是，認為現象的存在完全與心無關，而沒有看見，事物實際上主要是由心本身所建構的。

迷惑與三層次的識

　　要解釋這些迷惑如何發生，瑜伽行論獨創出三層次的識：「平常識」（*vijnana*），包括五種感官識與具有所有念頭、感覺、印象、影像的思惟識；「我執識」，或稱「末那識」（*egocentric mind, manas*）；以及「根本識」，或稱「阿賴耶識」（*alayavijnana*），通常稱為「藏識」。

　　迷惑的產生來自於這三層次識的互動。任何我們透過感官所經驗到的世界，都經由我執識傳遞。由此產生的扭曲訊息，就保存於根本識，即阿賴耶識，它有時被比擬為西方概念的潛意識。根據瑜伽行論，這些業的印痕盤據在心中，其後顯現時，會影響我們經由感官對世界的感知方式。由於這三層次識的交互作用，自性被扭曲了。換句話說，我們只接觸到第一面向的自性，「遍計所執性」，而對相對或究竟的真理毫無概念。

禪修所修習的正念與正知，能讓我們看到這種互動如何發生，感官如何受到這些不自覺生起的業痕影響，以及我們通常是如何地沒有察覺到這個過程。同時，我們看到，我們對外界的理解如何在心識留下印痕，而在我們的習性上火上澆油。我們愈沒有正知，習性就變得愈重，愈受阿賴耶識之害。

　　禪修的目的是要轉化阿賴耶識。當根本的改變在「藏識」層次發生時，我們開始了解到我們是如何地被誤導，認為諸法有某種獨立的存在。我們沒有了悟到，我們通常認為的外在世界，其實主要是由心本身所造。我們可以看到第一面向「遍計所執性」的虛偽本質，並且開始認識到其他兩個面向，「依他起性」與「圓成實性」。

佛性

　　瑜伽行派對整體大乘傳統與哲學的另一貢獻是「佛性」或「如來藏」（*tathagatha-garbha* 藏文 *teshek nyingpo*）的概念。在西方許多人都聽過這個大乘的概念，它只與瑜伽行哲學有關。中觀學者談論究竟與相對菩提心，但他們不討論佛性自身。依據某些可信的大乘經典，瑜伽行學者闡述這個概念，他們說一切眾生都具有獲致證悟的種子或潛能，沒有任何眾生是例外的。即使現在察覺不到它，未來有可能會察覺到。這是很有趣的，如果每一個人都有佛性，那麼，基督教徒、猶太教徒、回教徒以及

印度教徒也必然都有佛性。若是這樣，他們全部都可以證悟，那是否意味著他們最終都必須成爲佛教徒？這引起了許多有趣的問題，此時我不想談它，這是個很有爭議的議題。瑜伽行論者說，一切眾生 — 不僅是人類，而是所有眾生 — 都有證悟的潛能。雖然某些眾生會比其他眾生更早得到證悟，但每一眾生最終都會達到證悟。

「佛性」這個概念，可以用不同的方式闡述。有些人說，每一眾生都有潛力獲得圓滿，但不認爲人類具有圓滿的本性。另外一些人對佛性的解釋是，不僅人類有佛性，而且這本性早已圓滿完美，唯一的困難是，我們不認識它！它不像是一粒種子，任其發展，可發芽或長成一棵植物。我們的佛性早已完全成形開展了，只是我們與覺醒之間存在著外來的染污，這些染污需經由修持來去除。

當我們踏上修行的旅途，我們必須知道，我們確實有潛能可以實現我們的目標。若我們沒有潛能，那麼，心靈的證悟只會是一場夢。那就像一個人沒有雙臂，而想要撿起一塊巨大的岩石。他可以這麼想，但是他沒有那個潛能，我很抱歉這樣說。如果人們沒有看的潛能，那麼，你不可能令他看。重點是，當我們被期望做某件事，並做好那件事，首先我們必須要有那方面的才能。因此，佛性代表我們本身已經具有的心靈潛能。

然而，如果我們天生或本質上是邪惡、迷惑或錯亂

的，那麼克服我們迷惑的能力要從何而來？我們必須要有能力去超越我們的迷惑，擺脫我們的混亂，擺脫各種心理的染污。根據大乘佛法，我們的確有這樣的潛能。然而，潛能與能力不一樣。我們有潛能，但是我們可能沒有能力，為何如此呢？一個人可能有天賦去做一件事，如彈奏音樂、繪畫、寫詩或哲學思考，然而，要有能力，我們必須用所具的潛能去做。那要依靠種種因素，例如我們結交的同伴、所處的境況以及發展與培養我們本具潛能的一般機會。如果你有一個容器，裡面裝滿麥或青稞，那麼你就有潛能的種子。如果你將它們放進泥土裏，它們就有生長、發芽的潛能。然而，如果你不如此做，那麼，這些穀粒就沒有能力發芽成長。它們有潛能，發芽的潛力，但是它們需要滋養才可能生長。必須要有適當的泥土，你不能只是拿些穀粒種在沙灘上，那是不行的，土壤的狀況必須正確。然後你必須澆水，而且也必須有適當的溫度。當我們談到佛性，情況並沒有不同，為甚麼？因為雖然我們已經有了證悟的潛能，但不是所有的人都是相同的。我們必須以平等為目標，必須立志平等，但是我們並不平等，事實上，我們是十分不相同的。

五種姓

根據大乘佛教，世界上有許多不同類型的人，但是從心靈道路來說，有五種根本類型的人。在有關佛性的典籍中，這些不同的心靈類型稱之為「五種姓」。

第一類叫做「瑞切」（*rik che*），「瑞」的意思是「家族」，而「切」表示「切斷」，所以是「斷滅種姓」。這是甚麼意思？這表示他們雖然有獲致證悟的潛能，但由於各種環境與狀況的關係，包括內在心理的壓抑與抗拒，這種姓的成員不會利用機會以達到覺醒。舉例說，在充滿暴力的社會或家庭中長大的人，只被教以暴力，可能不會注意心靈修行的需要。在這種情況下，這人有潛能卻沒有能力，所以是「斷滅種姓」。

第二類稱為「瑪聶」（*ma nge*），「瑪」的意思是「非」或「模稜兩可」，「聶」是「確定」。屬於此「不定種姓」的人的確具有興趣，但很大程度上取決於他們所擁有的機會，他們所接觸到的是哪一類人，他們所接受的是甚麼心靈教法，然後就這些機會他們做了甚麼選擇。他們的處境是開放的。因此「不定種姓」的人，可以選擇任何一個方向。在第一類「斷滅種姓」中，幾乎沒有人可能會想上教堂，更不用說去佛教閉關中心。而第二類的人，可以往任何方向走，這就是他們為甚麼被稱作「不定種姓」。

下一種心靈類型是「聲聞」（*Shravaka* 藏文 *nyenthö*），它的意思是聽聞教法的人。他們有某種興趣或愛好，想要知道更多的教法與修行，然而，事實上，他們本身不會去做任何真正的實修。那更像是有關累積知識的問題，他們想知道上師說了甚麼，誰活在甚麼年代，誰對

誰說了甚麼。很顯然，他們對修行的事情有相當強烈的好奇，但是卻沒有真正去修行。一些大乘行者認為聲聞與上座部相同，但那完全錯誤，上座部不等同於聲聞，這一點應該要指出的。佛教始終鼓勵學問以及努力於各種藝術的追求，事實上許多佛教大師是偉大的詩人、學者、畫家或雕塑家，重點是假如一個人所作的一切，只是想著：「我必須累積知識，學習、學習、再學習」，而不去實修 —— 那麼，他就停留在聲聞的層次或者說「聲聞種姓」。

第四種姓是「獨覺」（*Pratyekabuddha* 藏文「攘桑傑」*rang sanggya*）。藏文的意思是經由個人自己的努力而獲得證悟。「攘」（*rang*）的意思是「透過個人自己的方法」，而「桑傑」（*sanggye*）的意思是「覺」。屬於「獨覺種姓」的人，他們了解修行的重要。他們已經積聚足夠的知識，現在想要修行。然而，他們不想與其他人一起修行，想自己獨修。他們是特立獨行的人，不遵循任何特別的傳承、傳統或系統。他們持有異議，並且特立而行；事實上，他們可能被認定是旁門左道。這個種姓猛力專心致志於自己的修行，而不想與任何特別的宗教傳統有絲毫關聯。據說，獨覺沉思緣起法則（*pratitya-samut-pada*），了悟諸法無常。舉例說，當你看到一個人死亡，你思惟死亡，了悟到它源自於出生。見到每一件事皆是因緣生，斷定諸法無常，因而獲致某種心靈的證悟。

第五種類型是「菩薩種姓」（「蔣秋吉森巴」
changchup kyi sempa）。「蔣秋」（*changchup*）的意義是
「覺醒」，而「森巴」（*sempa*）指「有情」。「菩薩種姓」
的人不僅了解修行的重要，而且實際上想要將他們的修行
推及他人。對他們而言，修行不是個人之急務，因為他們
不只為自己的利益而修行。他們不會只想：「我必須做些
事，因為我知道我的生活一團混亂，我應該讓自己脫離這
個困境。」他們會更進一步地說：「我想要修行，而且我
想要透過修行、透過慈悲的開展來幫助他人。」這是「菩
薩種姓」。

所以我們有「斷滅種性」、「不定種姓」及那些對
知識的興趣遠勝於修行的「聲聞種姓」。接著是只為自
己的利益而修行的「獨覺種姓」，最後是為了他人的利
益以及自己的利益而修行的「菩薩種姓」。就了悟我們
內在的狀態而言，這最後的種姓被認為是最好的。我們
可以見到我們都有證悟的潛能。然而，要實現這種潛能，
其能力因人而異。我們都有相同的潛能，但是有些人比
其他人更接近他們自身的自然狀態，也就是佛性。

神聖的觀念

宗教哲學家與社會學家似乎都同意一件事，世界上
的所有主要宗教，例如基督教、佛教、印度教、猶太教、
伊斯蘭教與部落宗教（昔稱原始宗教），其主要的心靈

重點圍繞在神聖的概念。必定要有某些神聖、聖潔的事物存在才行。不論你是在巴西的亞馬遜叢林中住，在澳洲的中部赤足奔跑或在西藏的群山之間騎著氂牛，所有這些不同的人們，共同擁有一種類似的宗教中心點，那就是視某種事物為神聖的需求。日常的經驗不會引領我們找到真正的圓滿；相反地，圓滿來自於思惟某種與我們經驗世界中不同的事物。因為我們不認為我們已經體驗的是神聖的，因此只有經由思惟某種神聖的事物，我們才能找到救助。

一位德國神學家，魯道夫 ・ 奧托（*Rudolf Otto*），他著有《神聖與神秘》（*Idea of the Holy and Mysticism*）、《東方與西方》（*East and West*）等書。他說：「神聖」的觀念有一種不可抗拒的吸引力，就像一塊磁鐵。同時，被視為神聖的事物會產生一種巨大的畏懼及希望的感覺。他形容這種感覺為：令人敬畏的神祕（*mysterium tremendum*）。「神秘」（*Mysterium*）意謂著神聖是超越的，非我們所能理解，它的力量來自於我們對它無法完全理解，身為人類的我們，因為能力有限，無法掌握非尋常的事物。它是令人敬畏（*tremendum*）的，因為無論「它」是甚麼， 無論超越的是甚麼，都被視為是敬畏與恐懼的來源。

原始宗教與神的關係是，在某種程度上，個人與其崇拜的神之間有種真實的親密感。他們崇拜神，因為神有幫助，但在同時他們也畏懼神。這與早期希臘羅馬並

無不同。任何神聖的，任何神或神性的，都被視爲既吸引人又令人敬畏。猶太教與基督教的神也一樣。

西方宗教學者認爲，宗教的起源在於人類的這種傾向，既被我們的身外事物所吸引，同時又對該事物有恐懼、害怕與敬畏的經驗。世界上大部分的宗教，除了在某些神秘教法之外，我們感受到的神聖，其根源來自於他處，一種超自然的根源。然而在佛教中，神聖的根源在我們自身之內。透過修行我們了悟到，我們自身之內有一個心靈泉源，有一個功德寶庫，這是大乘教法提到的。

「佛性」的觀念就是關於這種本具的神聖。我們不需要注入其他東西，或接受某些外在東西作爲禮物。我們不需要接受任何禮物，因爲我們早已具有前往我們要去的地方時所需的一切。從這層意義上，即從神學或哲學方面上，我們可以說，那些內在固有的事物已與那些超越的事物匯集在一起。佛性是超越的，其意義是說，它不包含於我們的自我認同中，我們必須超越我們認爲自己是誰的那種日常經驗。而另一方面，佛性不是某種存在於我們身與心，精神與身體狀況之外的事物。因此，它既是內在的又是超越的。

無論如何，魯道夫‧奧托說，我們對心靈經驗的態度十分模稜兩可，這或許是對的。關於佛性，我們也有同樣的態度。譬如人們有時說，禪修時，有些經驗令

他們害怕，他們不知道去到了甚麼地方。進入到未知領域的經驗，引發了一種害怕與畏懼的感覺，甚至是敬畏感。然而，我們要去的地方與我們早已所在之處，並沒有甚麼不同。它不像我們要從自己的身體與精神狀態走出去，而與自身之外的實體結合爲一。了悟佛性時，就好像我們踏上一個回家的旅程，並找到了自己「本來的住處」。「本來的住處」，這是藏傳佛教與禪宗在某些教法中的用詞。「佛性」就是「本來的住處」。

我們或許將「佛性」或「如來藏」這個詞，當做抽象的概念，但事實上，它不是抽象的概念。它就是禪修時，我們找到自己的那個地方；它始終都在那兒。如是，「佛性」既是超越的，同時也是內在的。救世或救贖神學中，佛性概念的涵義在於嘗試沉思以開展對佛性了解，那有助於我們了解到自己是誰。通常我們是以自我認同或自我的概念，來了解我是誰，而嘗試思考我們自己與我們佛性的關聯，就好像是用一個廣角鏡頭般，從不同的透視角度來思考自己如其所是。

佛性的特質

依我們的定義，具有佛性就是具有證悟的潛能，然而這不表示我們必然有能力或方法獲致證悟。要了悟佛性，我們必須要有信心，證悟不是某種遙遠的可能性，而是我們現在就可以達到與經驗到的。我們可能認爲證

悟存在於某個遙遠的地方，在我們修行旅途的終點。在如此的情景中，人一開始時沒有證悟，也沒有證悟的體驗。然而事實並非如此；證悟不是只在旅程的終點才會發生。它不像我們從這搖搖晃晃的輪迴火車車廂下來，突然到達了，「哇！終於來到這真正的天堂。」那不像在印度搭乘顛簸的火車，抵達目的地就是解脫的因！事實上禪修時，證悟的體驗時刻都在發生。這就是「佛性」這個概念所代表的意思。

「佛性」的教法強調，證悟的特質早已存在我們之內。這不是說我們是無可救藥、卑劣的動物，後來開展出某些特質，而變成證悟者，散發出洞見、智慧與機智的光芒。這些教法說，證悟的特質早已存在那裡。因此我們必須要了解，證悟不是一種狀態，而是一種過程。我們不應該認為「佛性」是某種固定的狀態，因為佛性與我們的證悟經驗是攜手並進的。假如佛性是一種固定的狀態，那麼，趣近證悟，或深化證悟的動態過程，就與它毫無關係。

證悟與迷惑並不是兩種截然不同、各自獨立的存在狀態。相反地，迷惑與證悟的經驗是互相依存的。當你如此看待它時，你就會了解，由於具有佛性，我們得到的體驗與跡象，不再是那麼遙遠，那麼難以理解，且到達不了；它們是直接的。事實上，「佛性」是我們本有的狀態，如果它是本有或本然的，它就必須是內在於我

們的本性中，而如果它內在於我們的本性中，我們怎麼可能離它遙遠呢？

在傳統的大乘文獻中，輪迴狀態被描述為不清淨、充滿痛苦、無常與無我。然而，在「如來藏」的文獻中，「佛性」被認為是清淨的，只有輪迴不淨──充滿了痛苦與無常。因此，「我」是一個臨時的現象。全篇描述「佛性」的《寶性論》（*Mahayan Uttaratantra-shastra*）一書中提到，佛性具有淨、樂、常、我的特質。當我們審視「佛性」這個概念時，我們見到整個經驗的範疇都改變了。沒有苦，取而代之的是樂；沒有無常，有的是一種常的感受等等。

1. 淨

可以想像得到，這類的概念引起相當多的爭論。甚麼是清淨的？甚麼是不清淨的？再次依據《寶性論》，我們以兩種不同的方法去理解淨與不淨。首先，我們可以理解清淨與佛性本身的關係。「佛性」自性清淨（*rangshin namdak*），就好像水晶或鏡子一般。雖然鏡子本身是清淨的，然而灰塵可以堆積在上面。譬如，一面陳舊的鏡子，在閣樓塵封多年，積滿了灰塵、蜘蛛網，甚麼都看不清。然而，如果你將它擦拭乾淨，它就有反射的潛能。換句話說，正因為佛性本自清淨，不表示說我們就一定有那種清淨的體驗。我們必須從事各種修

行 — 所有基本的打掃、清洗與擦拭等，將鏡子恢復到它原來的狀態。這稱為暫時的、世俗的清淨（*lobur trel dak*），因為外來的染污已從內心被去除了。

2. 樂

「佛性」所具有的第二種特質是樂。佛性是「樂」（*dewa*），這是因為我們不是從自我中心的觀點，而是從一種開放、接納的觀點來與世界互動；我們對事物做出回應，而不是去反抗事物；當我們受到自私、自負、自我中心、希求、貪婪等我執的影響時，我們變得完全單向與執著，以至於我們的視野變得極端狹隘，因此其中沒有樂，只有更多的考驗與磨難，只能預期有更多的焦慮、恐懼與不安；擔心不被人喜愛，不被人接受 — 所有這些事情浮出表面且控制一切；但透過禪修的練習，當一個人開始顯示出一些佛性本來的狀態時，那時就會有樂。

最後我們了解到，如何可以變得有信心，而不會自大、自私或以自我為中心，總想著我們應該在任何人或任何事情之前。當我們的自我認同如此強烈時，我們不會覺得與任何人有關聯，也不覺得與任何事相關。結果，我們與他人以及世界間的關係通常受到損害。當我們像那樣，我執太強且過分自私與固執時，我們可能認為，「我是在照顧我自己，我『必須』照顧我自己。」然而，我們並非真正那樣，事實上正好相反。在某種程度上，

我們實際是在執行一種自殺性的任務，因為我們愈是固執，愈是自私，他人就愈難與我們相處。我們變成討人厭的人，也令自己討厭。那時沒有樂，只有更多的痛苦。

當我們修行並且更了解自己的真實狀況 — 也就是「佛性」— 時，就會有一種放鬆的感覺，一種開闊、能接納的感覺。這讓我們能更適切地回應事情，並且能以對他人與自己雙方都有益的方式來行事，因為那些外在的與那些內在的，並沒有甚麼不同。這時就會有樂。

3. 常

「佛性」的第三個特質是「常」（*takpa*）。此處我們必須特別的謹慎，因為「常」不表示一件事是靜態的，「常」表示不受反覆無常的情緒所左右。在一個好日子，你去到一所佛寺，拜見一位大師，領受他的加持。那是場極為美好的拜會，氣氛融洽，每一件事都棒極了。你非常興奮，心情好極了，感到充滿了能量與樂觀。然而，走出寺廟卻發現被開了一張違規停車的罰單，你惱怒極了，像地獄中的惡魔一般，所有的歡欣鼓舞，立刻消失殆盡，你所感受到與大師之間美好的感覺與關係，剎那間都消失了。佛性的「常」不是像這樣。「常」的意思是，我們情緒的改變以及生活中的起伏，不會影響我們覺醒境界的品質。

我們的心可能會這邊、那邊地搖動，或拉、或扯，且受到干擾。但是任何心裏發生的事，不會影響到我們的覺醒境界，這是為甚麼「常」的特質不應理解為不變的狀態。「佛性」完全不是一種狀態。

4. 大我

「大我」（*great self*；*dak*）指的是一個事實：我們都應該是重要人物。沒有人想要成為無名小卒，我們都希望能改善生活；我們都希望有更充實、更快樂的人生。沒有一個人想最後一事無成，或不曾盡力去改善生活，或對社會福祉完全沒有一點貢獻。因此，從我們如何看待自己、如何對待他人與自己、如何看待事情的角度而言，自我的概念非常強烈，也非常重要。所有這一切都可追溯到與自我相關，即使希望並且立志開悟，也須要有自我的概念，否則做不到。假使沒有人在火車上，火車就是空的。我們可能想去威尼斯或佛羅倫斯，但我們不能只是想像在那兒。我們必須登上火車，必須繳交我們的車票。心靈的道路也是需要有人踏上旅途，否則誰會從修行中得到利益？誰將從其中得到任何結果？如果修行的意思是，卸除一個人所有自我的概念，那麼無論自我的這個概念是甚麼，都可能完全瓦解。那麼，這將會是個非常枯燥、乏味、痛苦且最終是適得其反的任務——像是一個導向深淵的旅程；從懸崖邊緣掉落的火車。

我認為修行並不表示要完全除掉我們自己的這個概念，了解這一點非常重要。我們必須了解自己的自我形象是心的建構，它有它的效用，即使是有限度的效用。通過修行，我們必須克服它且超越它，那始終與我們有關的傳統的我──那日常的自我。我們必須持續不斷地提到這個傳統的自我，但是我們也必須超越它。如同我前面說過，就超越而言，我們必須走出我們是誰，以及我們在做甚麼的這些傳統的觀念；否則我們古老根深蒂固的習性，永恆不變的傾向，將永遠持續下去。具有「佛性」的概念，我們就有我的更大感覺──大我，不是那個我們習以為常的自我，而是一個能夠超出傳統自我的我。我們可以更清楚地回應、觀察更多、更為敏銳且對關係有更多的感覺。

佛性如何存在？

「佛性」有這四種特質，但佛性是甚麼情況呢？以哲學的說法，除了救世的取向與救贖的意義之外，佛性的存有狀態（*ontological status*）是甚麼？就其存有狀態而言，我們的心總是深陷於事物存在，抑或不存在的這種思惟的困境中。如果事物存在，它就是真實的；如果事物不存在，它就不是真實的。這種二元的思惟方式如此地突出，且是我們精神習性的一大部分，以至於我們很難能逃脫它。然而，當我們開始思考佛性的存有狀態時，我們不會考慮存在及不存在。佛性不是如同桌子與椅子那種方式的存在，然而，它也不是不存在。佛性的

存有狀態 ── 佛性如何存在，與其他每一件事物如何存在不一樣。我們不能說佛性的存在，與我們想像世界上可經驗的物品的存在方式一樣，或甚至與精神狀態的存在一樣。當我們說每個人具有佛性，它不是像擁有某些東西。它不像擁有房屋，或汽車，或這個身體。我們認為它應該像這樣；像我們有房屋、有家俱 ── 這是它應該有的方式，這種世界才是我們應該生活的 ── 但我們不是以那樣的方式擁有佛性。對於佛性最貼近的譬喻是虛空，虛空不是如雲存在於空中那樣的存在；它存在的方式是一種不同的狀態。我們不能說虛空是否存在，意即我們不能說它像某種有實體、本具存在的事物；而且我們也不能說它不存在，甚麼也沒有。虛空不是甚麼都沒有，因為沒有虛空 ── 再次用佛法論証的方式 ── 我們就不會有一切的銀河系與星球；甚至連這個念頭都不會在這裏。

勉強地說，佛性是存在的，但說它存在，則更像是一種隱喻。你實際上僅能以一種間接的方式來提它，你無法輕易的確定它，因為佛性本身是空，它不是一種實體物品。佛性不是任何超自然的物質。佛性的本質為空，但在同時，它是證悟的根源。沒有佛性，我們將不可能獲致證悟。如果只有無明、煩惱與戲論（*conceptual proliferation*），那就不可能找到一條出路。因此，就那意義來說，佛性是存在的，但是它不是像實體物品般的存在。

根據大乘佛法，「佛性」不是因與緣的一部分，而是自身呈現的（self-presenting）。當我們不再從自我認同（ego identity）的傳統範疇去運作時，就如何看自己，我們開展出一種全新的視野。關於我們的能力，以及我們如何看事情，我們有更寬廣的見解。我們比較不會固執己見，比較能接納事情，那本身就成為解脫的力量。要成為重要的人物，擁有富饒的生活，並有積極的態度，一個人並不需要以自我為中心、貪婪或依賴。事實上，當我們開始學習如何超越自己的形象，我們的生活自然變得充實 — 精神上、心理上、人際關係上以及各種其他的方面。執著於自我就是束縛；我們如此自私，固執於自我的想法，以致於與外界完全隔絕，完全沒有注意到我們周遭的一切與他人。我們所想到的只是自己的痛苦、不快樂與挫折。那就是為甚麼輪迴是痛苦的。如果，經由禪修的練習，我們能夠稍微更加理解甚麼是我們本來的住處 —「佛性」— 那麼，我們就回到家了。我們感受到一種相互連結的感覺、無疏遠感、不被隔絕。並非總是他人在疏遠我們，而是我們在疏遠自己。每一個人愈來愈少溝通，我們開始懷疑：「為甚麼沒有人跟我說話？為甚麼那人以如此的方式行事？」是否因為我們如此專注於自己的一切，就認為每個人都在反對我們？事實上，可能正好相反：有可能人們嘗試要與我們溝通，試著要幫助我們，但是因為我們太專注於自我，所以我們看不見，我們變成與外界完全隔絕，因此，沒有相互連結的感覺。那就是為甚麼對「佛性」能有些許了解是如此的重要。

11

心靈的歷程

《菩薩的五道與十地》

「道」的觀念在佛教中非常重要，它著重於我們個人的潛能，以自力達成解脫或證悟，而非依賴他人的力量。當我們踏上旅途，走在修行道上，我們必須獨自去做，沒有其他的人可以代替我們。就像要認識一個新的國家，假使我們想看那個國家，我們必須自己到那裡；其他去過該地的人，或許照了相片，能給我們一些概念，讓我們知道那裡像甚麼，但是這些無法取代我們的第一手經驗。

拜訪過一個特殊的地方，並且帶回相片與故事的人，或許可以告訴我們如何到該處旅行，如何有個愉快而非痛苦的旅行。同樣地，雖然我們必須自己踏上心靈的旅程，但我們可以從他人處領受到指導與訊息，佛、菩薩可以給予這些。從佛教徒的觀點來說，踏上心靈的旅程，或在道上前進，這是一個重要的概念。

另一個與在道上前進有關的概念是：縱使沒有一個實在、永恆、獨立、本具存在的我，但並不表示沒有人在道上前進，不表示沒有人從迷惑與混亂的狀態中得到轉化。

「無我」不同於自我滅絕，我們並不是不存在了，而是開始更了解自己。當我們了悟到沒有一個不變的我，事實上它是個很充實的經驗。「道」包含致力面對我們自己，逐漸地克服心的各種壓抑、迷惑與錯覺，發展出對自己本性更多的洞見。

當我們此刻看自己時，我們見到心中有各種的迷惑與垢染，然而，我們真的可以克服這一切並獲致證悟。從踏上這旅程，我們的生命變得充實，因此，不要將這個「無我」的概念，或是「無實存的我」翻譯錯誤，這十分重要。說我們完全不存在，這是斷見，佛陀完全否定這樣的觀點。

如我們先前所見，有兩種不同的方式，可以達到解脫與證悟的目標。一種是聲聞的方式，旨在為了自己的利益獲得證悟。另一種是菩薩的方式，為了饒益他人而獲致證悟。兩種方法都是合適的，我們可用任何一種達成目標。無論我們採取那一種方法，道上的進展或發展，可分為五個階段：「準備道」（也稱為「資糧道」）、「加行道」、「見道」、「修道」與「無修道」。前兩者，「準備道」與「加行道」，通常被稱為世間道，而後三者被

稱爲出世間道。後面的三道，有更多智慧的開展。依佛教的觀點，沒有智慧，我們只能在世俗人的層次運轉。無論我們是多麼仁慈，或舉止多麼良好，若缺乏智慧，我們還是在世間運轉，而非心靈世界。

智慧不一定表示聰明。在佛教中，智慧與眞實了解我們的自身與現象界更有關係。在聲聞的層次，它表示對無常的了解，而在菩薩的層次，則表示對空性的理解。一個眞正的修行者必須具有慈悲以及智慧的特質，即使一個人的心續中存在著慈悲，若缺乏智慧，他仍然不是個完全開展的人。

準備道（資糧道）

在「準備道」或稱「資糧道」上，我們首先必須要認出，我們所生活的這個輪迴狀態，完全不能令人滿意，並且沒有成就感。缺乏這種認識，就絕對沒有任何心靈進展的機會。輪迴的狀態，基本上是心的一種狀態，而非外在的世界（雖然許多人認爲正好相反）。輪迴不是我們生活的這個物質世界 ─ 房屋、樹木、山、河流、動物等等；相反地，輪迴的是那始終汲汲營營、無法片刻保持靜止的這個心。輪迴的狀態是這個始終向外攀緣的心，抓住這個、拒絕那個，充滿強烈的渴望，會去做任何一切事情以滿足個人的欲望。大部分時候，瞋恨或敵意的煩惱源自於過度欲望的迷惑。當存在著過度的欲

望時，瞋恨與敵意自然會生起，因為它們是由於欲望受到挫折而引發的。

造成心的焦慮不安是因無明的存在，由過度欲望或敵意與怨恨所引起的。這表示我們不了解真正對自己有益以及真正有害的是甚麼。如果我們能體會，我們所沉溺的那些負面情緒，一點也沒有幫助，且事實上極端有害，那麼想要克服它們的欲望就會生起。

我們必須要有這樣的了悟，因為我們尋找的是真正、持久且永恆的快樂。通常我們認為，抓住這些本質無常的事物，就能夠得到幸福。因此我們可能會這麼想：若我們結婚，我們所有的問題就能解決；若我們有了小孩，那將是多麼美妙；若我們的工作得到升遷，許多問題就會消失。佛法不是說我們不應體驗暫時的快樂或享受，我們通常不會認為這些僅是暫時的快樂，事實上我們把這些當作永恆快樂的來源，這正是我們的錯誤所在，是無明所致。

當然，這不表示我們應拒絕體驗這些暫時的快樂或享受，我們應該要知道這些只是暫時的，因為任何我們此生能得到的，也可能會失去。孩子可能會丟失，我們可能與配偶離異，我們可能失業，我們的生意可能蒙受損失，所有這類事情都有可能，也確實發生。如果我們沒有踏上心靈之道，我們的人生將會被這類事情完全摧

毀，因為我們注意的，純粹是我們所擁有的，而不是我們的本身是甚麼。

心靈修行的目的是要成為一個不同的人，具有與我們自己生命不一樣的體驗。它與我們擁有的職業、家庭等，幾乎沒有甚麼關係。這不表示說我們應該要拋棄家庭才能修行，或者我們應該要停止工作，住到叢林中才算修行。縱使我們在叢林裏可能感受到快樂，但當蚊蟲與蛇開始叮咬你時，它也將變成不快樂。真正的快樂必須由內生起，從我們對自己有更多的瞭解而產生。當我們內心的掙扎與矛盾逐漸減少時，我們變得更完整，進而獲得一種寂靜的感覺。我們在生活上不會完全沒有問題，因為許多問題來自於外在的世界。然而，內在融合的感覺，讓我們能夠面對生活中所發生的任何事情。這是我們在「準備道」上必須致力面對的事。

我們開始了解真正快樂的源頭所在，這使我們更熱切地致力於道。如果我們沒有確信，對目的地沒有盼望，這修行的旅程就不可能發生。

1. 四個正念的基礎（四念處）

現在我們轉向前面幾章敘述過的一些主題與修持方法，並且將它們放在大乘道的範疇內。「準備道」分為三個階段。在第一階段，行者必須要了解，禪修可以對治那

經驗到內在紛擾的破碎心、扭曲心與迷惑心。沒有任何其它的方法比禪修更為有效，它能產生不同種類的自我集中。這與我執中心或自我中心不同，這是經由「奢摩他」，止的禪修達成，而這必須以「毘缽舍那」，觀的禪修加以補足。在這種特殊的情況下，毘缽舍那的禪修包括四個正念的基礎（四念處）。四念處是：身體的正念（身念處）、感受的正念（受念處）、心的正念（心念處）以及現象界的正念（法念處）。經由毘缽舍那的禪修，行者了悟到一切事物是易變無常的。從佛教徒的觀點，理解無常很重要。有些人對無常的理解僅止於知識層次而已，但它應成為個人的親身經驗。若我們能在生活中反映出這種理解，而不僅僅是知識性的理解，則當我們的生命產生變化時，這種理解就能有效地幫助我們。

為使這種理解個人化，我們要修持四念處。有甚麼比我們自己的身體、感受與心，以及透過感官去認知現象界更為個人化呢？我們從身體的層次來觀察身體，看其變化；我們觀察歡喜、痛苦等的感受；並且觀察我們的心 — 它的念頭、概念、任何從心所生起的一切。舉例說，我們可能認為自己很沮喪，這似乎是一種心的持續狀態，但當我們更善於觀察自己的心時，我們會意識到，即使是沮喪的狀態，也會被片刻的喜悅，或是一些其他的狀態打斷。

同樣地，我們也知道，經由我們的感官所認知的外界

是易變的。在物質世界中，有些變化發生得很迅速，有些則很緩慢，但卻持續地發生。地理學家說喜瑪拉雅山愈來愈高聳，這改變慢到我們無法察覺，然而它確實在發生。因此，即使這些看起來十分堅固而且真實的物質事物，也是無實的，它們也是易變的。它們不是不動或靜止的。在「準備道」的層次，行者對無常有了一些真實的理解，洞察諸法的本質。這不同於奢摩他止禪修的經驗。

這種無常的體驗應該被看作是正面，而非負面的。我們不應該因為每一件事都會消逝而感到絕望。充滿活力、積極、不停留在怠惰的狀態是好事。所有不同方面的改變，都可以是非常正向的經驗；如果沒有改變，我們如何能夠克服我們的煩惱與迷惑？如何可能破除無明與染污？這一切是可能的，正是因為心與識可以經由修行與訓練來轉化。整個轉化的觀念即是改變。這就是一個平凡的眾生怎麼能變成阿羅漢或佛的方式。

2. 四正斷

當個人開始進行四種斷離（四正斷）的修持時，即走上「準備道」的第二階段。這四種修持包括，盡力克制我們的不善，同時努力避免可能於未來生起的不善。佛教認為思想與行為有密切的關係，因此，持戒與我們的身心健全感有關。持戒不僅只是遵循規則，而更是出於責任與義務之感。我們致力於健全的行為，因為如此

做，我們能經驗到心的正向狀態，轉而導致我們經驗到身心的健全。相反地，內心充滿負面的狀態，會導致我們不善的舉止，更進一步造成心的焦慮、不安與害怕，引起身心二者的不平衡。

此處保持正向的意思是，在正念的修持中，我們應敏銳觀察，觀照我們的身、語、意。不善習慣的形成，是由於我們對身體行為、言語以及心念的過程不夠注意，所以我們必須更加留意。這不同於自覺 (self-conscious)。有時人們說，他們嘗試著保持正念，但那卻讓他們變得自覺，而當他們感到自覺時，他們變得神經質，像患有了妄想症。觀察自己的方式，不是像他人在注意我們一樣。那會令我們感覺無遮掩，且易受傷害。我們只是看著心中所浮現的一切，還有我們在世界上行為的方式。

現代神經學專家與其他科學家也說，我們的個性和人格，與我們的健全感及罹患心臟病、高血壓等症狀的可能性有密切的關聯。由於佛法認為思想、情緒、行為、道德與身心的健全互相關聯，因此我們應致力於這四種思惟：首先，避免可能的不善事情發生（未生惡令不生）；其次，要面對並處理已生起的不善事情（已生惡令滅）；第三，培養尚未生起的善（未生善令生起）；最後，增長已生的善（已生善令增長）。

重要的是，惡的思想與情緒並不是絕對的惡，惡只是它們對我們的心與我們的健全造成影響。這是應該避免它們的理由，而非因為它們本具的惡。因此，當它們生起時，我們只需認為它們是不善的，必須處理，且是可以克服的。

3. 四種神通支分（四神足）

當行者運用所謂的四種神通（四神足）時，就達到「準備道」的最後階段。此處所謂的神通與努力較有關係，而與任何天神的介入沒有什麼關聯。第一種是傾向（欲神足），第二是努力（勤神足），第三是意向（心神足），而最後是解析（觀神足）。

首先，我們必須有傾向，否則我們不會開始做任何事情。要完成任何一項計畫，必須有傾向與興趣。緊隨著興趣之後是努力或精進。假如存有興趣，我們就更容易專注手邊的工作。下一個要素是意向，這個意思是行者許諾培養善，並且努力克服心的不善傾向。最後一個要素是解析，這表示我們必須分析甚麼對自己與他人有益，甚麼無益。我們不是用我們通常的思惟與概念，那只會產生更多的迷惑。相反地，我們運用思惟力與概念技巧，以分析甚麼有益，甚麼無益。

佛法並不反對思考，但不鼓勵過度思考，因為過度

思考不會引導我們到任何地方。一天二十四小時佔據我們心的大部分思考，都被過度的執著、瞋心、怨恨、困惑、我慢、無明等迷惑所驅使。我們可以比這更有建設性地運用我們的思考，那是此處所建議的。

以此，心靈道上的旅人就能夠通過第一個道次第，「準備道」的三個階段。

在很大程度上，「準備道」讓我們從日常的事務中轉離出來，使我們確立於心靈修持中。轉離對輪迴的執著，不表示我們必須完全捨棄這些事物，更重要的是我們對事物與他人的態度。

將我們綑縛在輪迴狀態的，不是事物本身，而是我們對事物的執著，心中所生起無止盡的渴求與貪婪。這一些是我們必須去面對與處理的。譬如說，如果一個人的心中有執著、依戀與貪婪的話，物質財富就會成為一種障礙。

心靈與物質之間的明顯區別，對西方國家來說很平常，而對佛教的思惟方式來說則是不相干的。我們是唯心（重精神）或唯物（重物質），基本上取決於我們的態度，我們如何看待世界，以及我們如何與其他眾生互動。輪迴狀態的造成不是由於外在世界，或是我們身外的環境，而是來自錯亂的心。

這就是有關「準備道」的一切。我們以這樣的方式努力培養自己，使自己能夠在道上進展。它也稱為「資糧道」，因為我們調整自己，使自己成為適當的容器，以追求更進一步的發展。在佛法中，成為具器的觀念非常重要，它表示若我們無法創造出適當的心理狀態，生起某些修行的特質，那麼不論我們接觸到哪一類上師或善知識，不論我們讀過而且了解哪些經典，都不會有甚麼作用。因為我們尚未能使自己成為一個真正修行的容器，貯存發展所必需的功德。我們必須要敞開，而且我們的心續要能接納。如此方式的發展，我們就能夠踏入下一個道次第，「加行道」。

4. 回家

關於前兩個道次第，菩薩與聲聞的觀點略有不同。除了與聲聞共有的修持法之外，菩薩能生起菩提心，或者說對所有眾生的慈悲關懷。這種關懷他人的誓願，事實上來自於菩薩了解自身之內具有佛性。從菩薩的觀點，修行旅程不必然是直線的路程，於其中我們離開了輪迴到達涅槃，卻更像是回到了家。

如果我們將自己的我執看作是自我認同的主要來源，這會造成疏遠、排斥以及分離的感覺。但若我們開始了悟自己的本性就是佛性，並且其他所有人都有這相同的本性，我們與其他的眾生就會有較親近的感覺。

大乘經典中，有許多關於離家與回家過程的故事。由於完全陷入輪迴狀態，並且視我執為自我認同的主要來源，所以我們迷失了。透過修行，我們了悟自己的佛性，我們開始找到回家的路，而發現事實上家始終在這兒，但是不知甚麼原因，我們從未能見到它。相反地，我們一直投靠另類的「家」，而非我們自己真實的家。

加行道

　　「加行道」，或是「連接道」（*path of junction*），包括觀修四聖諦 ── 苦諦、集諦、滅諦與道諦。要克服痛苦，就必須了解痛苦，這一點很重要。如果我們不能夠徹底承認痛苦是真實的，我們就幾乎不可能會真正努力去克服它。所以首先，我們必須以完全且實際的方式來承認痛苦的存在。

　　加行道修持的一部分，含有四種禪修，每一種均與四聖諦之一有關聯。這四種禪修觀修苦、無常、空與無我。

1. 苦諦

　　有幾種禪修法與第一聖諦有關。第一種修持方法是觀修「苦」（*meditation on suffering*）的本身。佛法中描述三種不同的苦，一種是「行苦」：每一件事物是易變的，是因緣和合的結果，這個事實會對我們造成自然的痛苦。

尤其當一切都是愉悅歡樂的時候，我們不希望這些情況有所改變。但是因為每一件事情都會改變，我們遲早必須接受這事實，那些曾經帶給我們歡樂的事物，不再是快樂的來源，甚至變成不快樂的原因。年老是「行苦」的一個例子。不論我們是否去健身中心，做溶脂或隆乳手術，或找整容醫生去除皺紋，我們實際都已逐漸老邁，這是我們必須接受的一項事實。我不是說人們不應努力保持青春活力，但要更實在地面對這類事情。

第二種苦是「壞苦」（「變異苦」）。這包括我們期待若能轉換工作或改變伴侶，我們將更快樂。但因為心沒有改變，痛苦會持續。

第三種是「苦苦」。在某種意義上，我們已經遭受了痛苦，若事情出錯，我們受到更大的痛苦。若我們做過一些心靈修行，所有這類的痛苦我們都可以承受，因為這些痛苦經驗不會令我們不知所措。但若沒有受過訓練，我們會遭受到實際的精神苦惱與挫折。因此我們不應認為佛法對苦的看法是悲觀或誇大的。沒有誇大，因為我們每天都在經歷這些痛苦。

關於第一聖諦—「苦諦」—的下一個禪修法是觀修「無常」（*meditation on impermanence*）。當我們遭受痛苦時，我們不去查看產生痛苦經驗的因與緣，我們太過全神貫注於痛苦的經驗上，以致於忘記這經驗本身也是因與

緣的一部分。強烈的痛苦經驗阻礙了洞見的生起。

　　觀修「空」性（*meditation on emptiness*），是第三種修持法。行者必須了解，痛苦經驗的本身沒有真正持久的本質或真實。這種了悟來自於剛才提到的禪修方法，了解痛苦是因與緣產生的。

　　與苦諦有關的最後一種禪修法是觀修「無我」（*meditation on selflessness*）。行者必須了解，沒有一個永恆、不變的我，正在忍受所有這些不愉快的經驗。某種不變、永恆被稱為「我」或是「靈魂」的事物存在的信念是如此的強烈，幾乎成了本能。即使我們的語言也讓我們習慣於說些像是：「我的感受」、「我的記憶」、「我的身體」、「我的熱情」、「我的情緒」、「我的思想」、「我的概念」，並且把「我」看作存在於所有這些事物之上。佛法說這完全是想像的，是由心造作出來的。

　　以佛教的觀點，「我」應該被看做是動態、活潑的，而不是靜態、固定的。假如「我」是完全不變的，它就不會受心中生起的任何事物影響。若它不受思想、覺受、情緒與概念影響，那麼即使它存在，「我」能有甚麼作用呢？

　　能以感性的方式經驗事情，並建設性地運用我們的思想，這是人生有趣的地方。若我們認為自己是固定不變

的個體，則當我們說「我受到很深的傷害！」時，我們就無法放下。但若我們認為自己是處在一種持續動態的過程，我們對過去的執著將大為降低。我們就可以真正地承擔起自己的生活，我們能夠面對目前的經驗，甚至接受過去，同時對我們未來的情況有更多的瞭解。這不斷動態變化的「我」是佛教中很重要的一種想法，沒有這一點，我們就完全不可能有任何精神上的進展。（譯註：中譯《俱舍論》四諦十六行相，苦諦的四相為：「無常」、「苦」、「空」、「無我」）

2. 苦之起源（集諦）

四聖諦的第二是集諦。佛法說痛苦的根本來源存在於內，存在於我們的貪婪與執著之中，這些造成了痛苦。世界上存在的不公正、貧窮等，都是個別心的反映。基本上，世界上所經驗到的所有不同類的痛苦，起源都在心，並且由執著與貪婪造成。

關於集諦的第一個冥想禪修是「因」，不是只認為痛苦存在，且它是事實，我們還必須去審視其原因。我們必須查看痛苦源自何處，如何形成，以甚麼方式生起。第二個冥想是「果」（或「集」），探索甚麼樣的因招「集」甚麼樣的「果」。佛說任何真正了解因與果關係的人，就能正確了解他的教法。因此，因果關係被視為佛教哲學的核心。

第三種冥想是「相」，意思是直接看著痛苦經驗的本身「相」。最後冥想「緣」。不僅有因的存在，還必須要有「緣」，果才能產生。

這四種冥想有一個共同的目標，就是要改正我們對於事物如何發生的理解。譬如說，許多人相信第一因或最終因，是某種形式的神（上帝）。佛法認為，熟稔以上所提到的幾種冥想，就能夠改正認為有第一因或最終因，例如有創造者（上帝）等這類的理解。（譯註：中譯《俱舍論》四諦十六行相，集諦的四相為：「因」、「集」、「生」、「緣」）

3. 苦的息滅（滅諦）

下一諦是滅諦。滅的意思是指我們痛苦的經驗以及精神的折磨可以終止。這是可能並且可以做到的。滅諦的第一種冥想是 「滅」，相信心的不淨可以「滅」除且拋棄。第二種包含冥想「靜」，意指痛苦能夠完全被斷除，而且當我們達到涅槃時，不再有任何的痛苦。我們完全確信有達到永恆寂靜的可能。

第三種冥想是「妙」，意思是我們了知「奢摩他」，止的禪修經驗，難以達成真正的心靈修行，這樣的禪修無法讓我們得到解脫，解脫必須來自於「毘缽舍那」「妙」觀。第四種冥想是「離」，這包括了知心的所有染污傾向可以被「離」棄，由此可以證得解脫。（譯註：中譯《俱舍論》

四諦十六行相，滅諦的四相為：「滅」、「靜」、「妙」、「離」）

4. 離苦之道（道諦）

現在我們要談談道諦的三種冥想。第一種冥想「道」，視它為能帶我們離開輪迴，到達涅槃的車乘。它不僅可以終止痛苦，且有許多方法可以終止痛苦，這是「道」的冥想所包含的。第二種冥想「行」，即了知我們所「行」的道是正道，並且我們無意偏離此道。第三種冥想是「解脫」（或「出」），就是我們知道遵循八正道可以獲得解脫，可以超越「出」離我們所熟悉的輪迴狀態。（譯註：中譯《俱舍論》四諦十六行相，道諦的四相為：「道」、「如」、「行」、「出」。契正理故「如」。）

以此方式冥想四聖諦，加行道上的行者可以下面的四個階段來開展。

5. 成就的四種階位

觀修四聖諦的冥想，培養出根本洞見，了悟諸法為因緣所生。這種洞見帶來加行道的第一階位，稱為「煖」，或是藏文的「杜莫」（*tummo* 拙火），此處「杜莫」是一種象徵的用語。正如同煖熱顯示火的存在，所以當行者證得加行道的第一階位煖位時，他開始經驗到智慧或洞見之火的煖熱。

就如同火能夠焚燒木頭或碎物，同樣地，智慧可以焚燒心的染污與煩惱。加行道在煖的覺受之後，接續而來的第二階位是「策莫」（tsemo），意思是「頂」，行者在此階位能夠圓滿世間所有善的功德。

　　除非我們已能夠達到第三道，也就是見道，在這點之前，我們所開展的任何事物，仍只與所謂的世間善行與功德有關，而非出世間的成就。在「頂」階位所發展的善德，仍然維持在世間的領域，而不是出世間，其理由是，真正的洞見是在見道的階位開展的，而不是在見道之前。

　　「頂」的覺受之後是所謂的「忍」，藏文是「索巴」（söpa）。這不是平常安忍的意思，而是具有無畏的涵義在內。行者不再害怕例如無常、無實與空性這類的觀念。這些不再被認為是負面或駭人的事情，相反地，行者對它們的真實性有完全的信心。依據這種完全無畏的態度，奠立真正的確信。

　　加行道的頂點獲得世間心靈功德最殊勝的成就，藏文是「卻秋」（chöchok），意思是「世第一法」，此處法是指世間成就的法。行者於世第一法的覺受，生起一種洞見，非常類似於見道位行者之洞見。

　　佛法說，一旦證到加行道的第二階位，行者實際上

就不會再退轉了，他們所開展的任何功德都會保存著，不會退步。達到「忍」位之後，就不會再墮入下三道。舉例說，若你想要成為音樂家，你每天練習，變得十分擅長。即使之後許多年你都不再練習，仍然能輕易地重拾舊有的技能。但若你不曾認真練習，然後荒廢數年，當你試著再去練習時，事實上你是要重新開始的；那就彷彿你從來不曾學過任何種類的音樂。佛法的修持與這是一樣的。我們盡可能經常做一些心靈修持，而且每天做，這比短時間修許多法，接著很長一段時間都不再修持，會更有成效。

世第一法的體驗，導致見道位的現證。「見道位」的名字得自於行者第一次真實地見到實相。達到見道位，是因為在加行道的第三階位，「五無漏根」已經開展到極致。這「五無漏根」是信、精進、念、定與慧。正如同我們身體的感官與能力，使我們能更清楚地看見世界，並且更有效地運作一樣，我們可以開展這五無漏根來認知實相。

見道

「加行道」最後的一個階位是世間心靈道的結束。從此往後，稱為「出世間心靈道」，這是從「見道」開始。在大乘佛法「見道」與菩薩的初地相同。被稱為「見道」的原因是，行者第一次直接面對究竟實相，並且是第一

次見到實相。此後一個人所做的行為都不受染污，不再受業力的束縛，因為行為不再造作出進一步的業。

1. 悟入究竟實相

在聲聞教法中，究竟實相的證悟是在正式閉關中獲得。行者在閉關修行時經歷「證悟的十六剎那」（*sixteen moments of realization*）── 四聖諦的每一諦各有四剎那。此處的「剎那」不必然是指一段時間，它更類似於我們通常說的事件。

與四聖諦的第一諦有關的四種證悟，首先是苦實相的忍受（「苦法忍」），其次是苦實相法的認識（「苦法智」）。這是前兩個剎那，這兩者都與欲界心的狀態有關。

接著下兩個剎那是對苦本質隨後的忍受（「苦類忍」），與苦實相法隨後的認識（「苦類智」）。這些隸屬於色界與無色界。這些證悟的剎那也適用於其他三諦，直到達成十六剎那。

此處所指的色界與無色界意思是，行者已經能夠證得意識的變異狀態。前兩剎那相對應於平常的意識（欲界），後兩剎那則對應於這些意識的變異狀態（色界和無色界）。

「法忍」可以理解爲比較像是「概念性的理解」，
而「法智」的意思是指直接的覺受，或是一種四聖諦的
「非概念性的直接認識」。法忍能讓我們以一種不中斷
的方式留在道上，不被誤導。而實相的直接體驗有助於
我們更接近獲得解脫。

雖然所有這一切看來似乎有些複雜，但是我認爲依
據佛法闡述的方式，來討論這些是很重要的。這是聲聞
行者在見道位證悟實相的方式。

菩薩的見道位出現在證得初地之時，菩薩悟入究竟
實相，也就是空性。如同我前面提過，大乘教法中的「空
性」不是指事物不存在，或是我們平常了解的空。相反
地，空性的意思是，沒有任何事物具有持久實體或本質，
現象界自身的本性是空性。究竟實相，即勝義諦（空性）
與相對實相，即世俗諦（經驗世界）之間存在著一種密
切的關係。月稱菩薩說，不依靠相對實相，我們無法理
解究竟實相。因此，我們不應該說，這個經驗世界是全
然虛幻且不存在的。那不是大乘空性的論點。更進一步
扼要地重述：認爲每一事物都具有實體或俱生存在，即
墮入另一極端。那是爲什麼人們說，要了解空性，就要
開展中道觀點，這觀點不墮入常見或是斷見的任一極
端。

通常我們無法以正確的角度來看事情。由於我們的

視覺感官，或是由於我們的心，導入某種扭曲。佛法提到一些誤認繩索爲蛇的譬喻，繩索在那兒，但是認爲繩索是蛇就是錯誤的感知。同樣地，認爲事物具有某種俱生存在，就是誤解或錯認它們的實相。而認爲空無一物，更完全曲解空性的意義。

了知無實體與了知空性，這兩者之間的差異，不是本質的差別，而是程度的差別。依據佛法，了知空性的菩薩，比了知無實體的聲聞，對事物本性的了解更微妙細膩。無實體的了悟是透過因果關係的冥想，如果我們非常熟悉因果關係如何運作，我們對諸法無實體的了解就會大大增長，從而得到空性的了悟。否則，我們可能仍執著於有創造者的想法，或緊抓著一種觀念，認爲變化更像是轉化，其中具有不變的眞實或實體。

原子論的各種學說認爲，粗重的物品如桌椅，確實會改變，但它們由原子構成，而這些原子是不會改變的。因此，人們認爲原子本身具有某種實體的存在。然而，如果我們熟悉佛教因果與空性的觀念，我們可以見到這樣的原子論是十分誤導的。那是爲什麼龍樹菩薩說，由於空性，一切都可能。如果事物有固定不變的本質，變化就不可能了。沒有變化，就無一物能發生。因此，我們不應該認爲空性是負面的，我們應該思考，正是由於空性，世界才能夠運作，空性使一切成爲可能。

2. 七覺支

初地菩薩因實現七覺支，而初次證悟空性。這七覺支包括：念、擇法、精進、喜、輕安、定與捨。這些七覺支的功德，在見道位證悟它們之前，就已經存在了，但在此階段它們才成熟。從聲聞的觀點來說，這些功德的開展，是因修持止觀與冥想四聖諦得來。從菩薩的觀點來說，它們從修持六波羅蜜多而得。具有這些功德能夠幫助了解究竟實相，而對究竟實相有更多了解，也會幫助開展這些功德。

功德的開展必須經歷一段時間，這是為什麼在佛法中，整個訓練與培養的概念如此的重要。我們必須練習，必須教育自己，必須訓練，唯有如此，這些功德才能夠實現。此處，「全有或全無」的態度沒有太大的幫助，我們應該經常以程度的角度來思考：我們較有正念，或較乏正念；較警覺，或較不警覺；我們較努力，或較不努力等。如果我們認為，一開始就應該完全開展所有的這些功德，那麼我們對自己的期待就太高了。如果是那樣的話，五道就是多餘的了。

在佛教中，是認知將我們從不滿足、挫敗與精神痛苦的輪迴狀態解脫出來，而不是信心或善行的開展。當然，這不表示我們就不需要做善事，只是善行本身不足以獲得解脫。當善行與慈悲兩者有智慧的支撐時，行者

就能夠滿足獲得證悟所需的必要與充分條件。當行者達到見道位時，他們就完全轉化了，這是為什麼見道等於心靈證悟出世間層次的成就。

在達到見道位之前，行者較多從事於建立知識，行善事，並且也做相當程度的禪修。未見道之前，行者對諸法的本質尚未能開展出任何洞見。見道時，他們對諸法實相有了直接的體驗，而不是那種透過感官於迷惑的意識顯現出來的方式。

修道

「見道」之後接著「修道」。這等同於菩薩的二地，並且延伸到菩薩的十地。雖然行者從一開始，從「準備道」起就開始禪修，但在「修道」的階段，行者開始獲得確定的覺受與證悟，這是從前所沒有的。

1. 禪與無色定

透過「奢摩他」的修持，我們能夠進入識的領域，那是我們以前無法接近的，例如四禪（dhyanas）與四無色定。四禪是專心漸進的階段，起初，存在著思想、概念與其它的成分，還有喜樂的情緒覺受。在持續前進時，心變得十分穩固且專注，甚至達到精神活動都停止運作的程度。四禪對應於我們意識的正常狀態。四無色定對

應於在禪修時我們所開展的較高層次，然而，它們本身不必然是非常精神層面的，它們只是意識的變異狀態，是我們從前不曾察覺的。

經由禪修，我們可以體驗到喜與樂的感覺，但是在第四禪的階段，這些甚至都停止了。接續下來的是四無色定的第一種：「空無邊處」，藏文是「南卡泰耶」（namkha thaye），這意義是我們處於深層的定中，因此感官不再運作，我們沒有看到、聽到或嚐到任何事物，而這也是為什麼這狀態被稱為空無邊處。這不是說事物不再存在，只是說我們已經能夠將心置於深層的定中，所有粗重層次的精神功能與感官感覺都暫時停止了。

接在「空無邊處」之後的是「識無邊處」的覺受，藏文「南謝泰耶」（namshe thaye）。此處「識無邊處」的意思是，我們進入更深層識的狀態，我們見到的每一事，每一物，事實上都是識。主體與客體之間沒有二元的感覺。

四無色定的第三層次，藏文稱為「即揚梅巴」（chiyang mepa），意思是「無所有處」。此無色定的狀態已經更為深化，我們心中實際上絕對沒有任何的覺受、沒有感覺、沒有情緒、沒有思想或概念生起；所以，甚麼也沒有。

無色定的最後一個狀態是「非想非非想處」（非感知 nonperception），這是比先前我們早已感覺到的「無所有處」更加深化，彷彿那還不夠好一般。當我們甚至對「非感知」都沒有知覺時，我們必須要有另一個狀態。「非感知」的藏文是「約明梅明」（yömin memin），（非有非非有 neither existence nor nonexistence），這個意思與前面的狀態不同的是，我們甚至不去想沒有任何事物存在，甚至連那個念頭都被放下了。

2. 四無量與毘缽舍那

　　如同我前面說過，「奢摩他」的修持，可以生起不同層次的識，讓我們更為專注，但是它本身在個人的心續中，無法創造出任何真正的心靈功德，這些功德必須來自於慈、悲、喜、捨四無量的冥想，以及空性無實體等「毘缽舍那」的觀修。「奢摩他」生起心的穩固，以心的穩固為基礎，我們可以依四無量來處理我們的情緒，並且依「毘缽舍那」的修持來處理我們的思想與概念。我們就能夠轉化禪修，如此，經由禪修達成出世間的成就。

　　佛教認為進入意識的變異狀態是可以的，但即使我們無法達到這些狀態，我們還是可以獲得證悟。某些人有能力進入意識的變異狀態，但是這些狀態在修道上不是必需的。真正需要的是經由「奢摩他」的修持，我們學習穩固我們的心。沒有穩固的心，不論是由於感官，或由於精神

活動、情緒與思想，心就會持續忙碌不堪，不斷地受到干擾而分心。某種程度的精神穩固有助於內在智慧的生起，那是主要的。「觀」的禪修讓行者得到心靈的轉化，而「止」的禪修可開展精神的穩固，提供了讓「觀」生起的條件，這是為什麼這兩種禪修都是必需的。

　　在討論四無量心時，我們應該清楚理解所用的字詞。感覺或覺受（*feeling*），藏文是「措哇」（*tsorwa*），梵文是「吠達那」（*vedana*），這必須與感情或情緒（*emotion*）做區別。感情或情緒可以是善巧或不善巧的，而感覺卻不能如此，感覺與身體密切相關，而感情或情緒則是半與身體、半與心理有關。在西方，這個觀念非常新。在哲學與神學中，感情或情緒始終與身體有密切的關係，因此它被認為是某些我們應學習控制的事物，而不是與心有關聯而已。

　　佛教認為，以正面方式利用感情或情緒是可能的，因為本質上它們沒有甚麼不對。問題在於我們如何去處理、去感受以及去表達它們。因此，我們可以訓練自己，並且發展技巧，利用感情使自己更有活力，使我們的人生更豐富，而不是對自己與他人造成更多問題。我們可以學習創造更積極正向的環境，這就是四無量心冥想所包含的。

　　菩薩「修道」的體驗與菩薩道的其餘十地有關。經由修道，菩薩能夠圓滿每一個六波羅蜜多 —— 佈施、持

戒、忍辱、精進、禪定與智慧 —— 當他經歷菩薩不同層次的成就時。前面幾個項目的波羅蜜多會先實現，因爲修持佈施要比修持忍辱容易些。經過訓練，菩薩逐漸實現了六波羅蜜多的德行，實踐了德行的實際內容與潛能。因爲六波羅蜜多的體現等同於佛果，所以證得了佛果。一旦證到第十菩薩地，行者就成爲一位完全的證悟者，或佛，這就達到菩薩理想的無修道。

無修道

在經歷了前面所描述的道與地，行者到達五道的最後，「無修道」，這等同於完全證悟的佛果。行者已經了悟佛本質的各個面向，稱爲「三身」，這包括兩個與佛色身有關的面向，以及一個與佛眞正本初本性有關的面向。經由福德的積聚，實現佛色身的面向，而經由修道中智慧的積聚，實現佛無色身的面向，也就是佛本性的本初狀態。

五道是「道次第」（lamrim）教法的一部分，「道」與「次第」，藏文「薩覽」（sa lam），意思是道與菩薩地或心靈的次第。這裏所描述的是心靈進展的概念。我們以一個平凡、迷惑的眾生，踏上修行之路，我們的心完全受制於無明與染污。慢慢地，智慧與洞見增長，我們的染污與迷惑開始消褪、散去，心的淨化發生了。最終，心不再有任何迷惑，智慧開花並成熟爲佛心。

「道次第」的教法是以漸進與進化的方式呈現。這種方式，藏文稱爲「仁及巴」（rimgyipa），意思是循序漸進的方法。但這不是修道上唯一的方式。有另一種方式，藏文稱爲「其恰哇」（chikcharwa），強調頓悟的可能性。在我們所屬的噶舉傳承，這兩種方法都應用到了。譬如，岡波巴大師在他的著作，噶舉傳承主要的典籍 ——《解脫寶莊嚴》（The Jewel Ornament of Liberation），使用了這種漸進的方法。同時，傳承有另一支來自於大手印的教法，強調頓悟的方式。所以我們必須要能調和這兩種方法的差異。

　　我們必須了解，經教上所描述的「道次第」，不應該過度以字面涵義去解讀，譬如經典上說，菩薩必須在輪迴世界停留三大劫之後才能證得佛果。即使佛性 —— 存在於眾生心續中證悟的潛能 —— 在經教傳統中，有時候也被視爲僅是可能性，而非必然性。依這種觀點，要證得佛果，我們就必須踏上菩薩道，並且經歷道上所有的不同階段，才能夠成就佛果。因此，佛性的概念被看成是一種潛能，要經歷漫長時間的修行才能顯現。根據經教，它是不能夠刹那得到的。然而，當我們開始討論密續與大手印傳承，我們將會看到，這並非所有佛教宗派的觀點。

12

佛果

《佛的三身》

佛身的兩種形式

　　佛三身的概念與行者究竟的發願有關，它象徵著行者想要達到的最終目標。通常我們談到兩種層次的眞理（二諦），基礎（根）是起點，智慧與方便的兩種積聚是道，而兩種形式的佛身是果。做爲起點，我們開始審視我們對世界的看法，以及對自己的認識。我們了解我們的許多經驗是概念建構出來的，它們不是眞實的，因爲它們無實體。有了這樣的理解，我們對究竟眞理（勝義諦），就會產生一些體悟。從這個意義上講，我們利用二諦的概念作爲起始點。當我們踏上這條道路，想要利益他人的觀念就變得很重要。這是經由菩薩的行持，生起慈悲心來達成。這播下證得佛「色身」（*rupakaya*）的種子。同時體悟與智慧也增長了，這最終完全開展化現爲佛的「無色身」（*arupakaya*）。這無色身的面向稱爲「法身」（*dharmakaya*）。三身是二身的擴展，因爲「報

身」（*sambhogakaya*）與「化身」（*nirmanakaya*）兩者同樣歸入色身，而法身則是無色身。因此，基本上我們有兩個佛身的面向，或兩個證悟的面向。修行者根本的目的或目標就是要證悟這些面向。

一種存在的狀態

三身這個概念，我們不應該誤以為所談的是某種實體，或有三種不同類的實體。法身（無色身）與報身（色身之一）就本身而言，不屬於任何類的實體，指的是某種存在的狀態。就法身或無色身的概念而言，它們始終存在，法身祇是被重新發現，而不是被創造出來或被重新化現。報身的面向同樣也可以這麼說，報身與心化現的能力有關，在某種程度上，心化現的能力能夠表達五智的潛能。因此，報身的面向與心的力量有關。

化身是唯一被重新創造的。化身是行者個人身、語、意已經清淨的結果。個人的身體不再是各種不良、不善的傾向，如過度欲望之中心。相反地，它成為一個具有非凡能力，能與他人共事並利益他人的媒體。因此，化身是證悟者身體的面向，由於它是某種不相同的事物，故稱之為新。

至於報身與法身的面向，它們早已經體現於每一眾生之內，祇是個人能否了悟它們而已。

法身的兩重清淨

法身是兩重清淨的俱現。法身的一個面向是完全空的，完全開闊的。它從不曾被煩惱情緒（思惑）與迷惑概念（見惑）污染過。因此，它有一種本始的清淨感。當我們利用煩惱情緒與迷惑概念，於道上淨除垢染時，便開展了法身暫時的清淨。

當我們開始實現雙重的清淨時，我們能化現為報身的形象。但報身不是一般凡夫可以感知的。我們需要有清淨的心才能感知報身的面向，並且與之溝通。雖然一個人可以化現各種精神力量，但若對象的根器有限，且受制於各種錯覺，就不能領會報身的化現。這是為什麼佛總是通過化身的面向起作用，因為佛的化身能夠利用身體利益他人。化身佛能夠透過其肢體語言，以言語或精神與他人溝通，這是化身的面向。

我們不應認為三身是各自獨立。它們是互相關聯的，而且它們在完全開展時，是不可分的。報身與化身的色身面向由法身展現，因此，這兩種色身依賴無色身，無色身是根源，是其他二色身的基礎。法身是指一種無分別的存在狀態。關於法身，我們無法談論它是迷惑的狀態，或是證悟的境界，因為法身在某種意義上不受時間影響，也與歷史無關。我們不能將改變或轉化歸因於它，因為法身是一種全然不確定的存在狀態。

由於它的不確定性，法身可以生起某些決定性的特徵，因此報身與化身可從法身產生。由於法身本質上是被動的，它無法化現為良好的媒體與他人共事並使其獲益；這必須經由報身與化身的實踐來完成。這兩者被稱為「色身」的原因，不是他們具有真正的物質身體，而是因為他們是一種化現且是確定的。相對地，法身非物質，且是不確定的。

　　報身是確定的，因為它以多種方式化現。但這不表示報身不是物質的。報身確能生起化身，而化身就本質而言，是物質的。化身因此是存在的示現，是其他二身的具體化。報身的實現可以經由化身示現，因為化身是歷史情境的人物。我們可以說，釋迦牟尼佛在菩提迦耶成道，在瓦拉那西開始說法，最後在拘尸那揭羅般涅槃（*parinirvana*），因為我們是以釋迦牟尼佛化身的面向來敘述。報身與法身則沒有任何時間性，因為他們不是歷史情境的人物，他們總是在化現，且一直存在。

　　報身面向的本初意義以金剛總持為象徵。金剛總持，本初佛，是究竟實相的代表。他是權杖（或稱金剛）的持有者，象徵著實相的永恆真理。它不會改變與轉化，且不需更新，金剛不能被當作某種相對或帶有條件的事物，它是永久真實的。「持有者」勾畫出持有實相永恆真實的重要性。

報身

　　報身，藏文稱作「隆覺作貝固」（*longchö dzokpe ku*）。「隆覺」的意思是「運用」或「受用」，「作貝」的意思是「圓滿大樂」，而「固」則是指「身」。因此，報身界是極樂的境界，它始終沉浸於無止盡的樂的境界。報身不會化現在任何空間或實際場所。它示現在一個被稱為「阿吒尼伽天」（*Akanistha*）或稱「奧明天」（*Ogmin*）的地方，那不是一個真正的地點，因為它不位於任何地方。「奧明」的意思是不屬於下，它沒有一個地方，它含括了一切。就本身而言，「奧明」或「阿吒尼伽天」指的是空性。金剛總持上師示現於「阿吒尼伽天」。報身並未包含於一般三乘的教法中，而體現在殊勝密續乘最重要的教法內。這些教法具有恆久的意義，因為這些教法的意義非關於歷史情境。

　　這種報身的面向，只有那些賦有非凡清明，以及覺知心的高度證悟者才能感知。因此，「阿吒尼伽天」的天眾只有高度證悟者。然而從化身的角度來說，歷史上有一個人在一個特定的實際地點開示了三乘的教法。在這個背景之下，聞法的對象由各種根器、性格與意向的人組成。

　　然而，我們只可能從外在的觀點來區分報身與化身。依佛陀本身的經驗，我們不能夠說，某一個在另一個之前發生，或是報身優於化身。我們也無法說報身化

現在先，而佛陀證得化身在後。但是，如果我們以概念性來看，我們可以區別這兩者，雖然在實相的覺受層次上是不可能做區別的。

報身具有所謂的「五圓滿」（*phünsum tsokpa*）。第一圓滿是「處所」，意思是報身化現於「阿吒尼伽天」。第二圓滿是佛出世或有形「上師」的出現。在這個特殊的例子所提到的是化身，或是具有所有功德的有形上師。第三圓滿是「教法」的化現。在此情況下，教法指的是密續化現的清淨本質，甚至不是以書寫經典的方式呈現。第四圓滿是適當的「眷屬」，這包括菩薩、勇父（*dakas*）與空行（*dakinis*）（心靈高度證悟的男女眾），以及其他修行道上的高度證悟者。第五圓滿是「時間」。這是個複雜的狀況，因為就報身的教法而言，它不像化身；過去、現在、未來不是個適當的概念架構，我們無法依據歷史來談論。我們可以說佛陀化身的教法是在某一個歷史時間傳講的，我們甚至可以推測這些教法在某一時刻可能會不復存在。然而，我們無法同樣地形容報身所體現的教法，因為這些教法與任何歷史情境都沒有關聯。報身的教法長時存在，而且永不止息。

報身有某些特質與「上師圓滿」有關，其中一項是「支分功德」（*qualities of the limbs*）。不同於化身的面向，我們無法說報身不復存在。因此，以下的七支是區別報身的功德，以別於佛的另一種色身 — 化身之功德。

1. 受用支（*limb of immersion*）：報身完全受用大乘教法中。

2. 和合支（*limb of coexistence*）：報身不曾破損，是結合智慧的化現。

3. 圓滿支（*limb of fullness*）：報身完全沉浸於真實。

4. 無自性支（*limb of non-substantiality*）：報身無實體，亦非本俱存在。

5. 大悲遍滿支（*limb of infinite compassion*）：報身由法身化現，完全浸滿悲憫關懷。由於滿懷悲心，恆常關注著其他眾生。

6. 利生無間支（*limb of non-cessation*）：報身對其他眾生產生共鳴的關懷恆常存在，永無止息。

7. 永住無滅支（*limb of perennial manifestation*）：報身不止息，且恆久示現。

　　傳統上，法身、報身與化身之間的關係猶如虛空、浮雲與雨水。虛空對應於法身，浮雲對應於報身，而雨水則對應於化身的顯現。就如同虛空或天空不是因緣的產物，同樣地，法身也不是因緣所成。法身不是因、緣所生，所以它是一種不定的狀態。然而正如同虛空能形成浮雲，法身亦能生起各種報身的顯現。

佛教徒了解法身的方式，可以在《無爲法》（*Dü ma che Asamskara*）一書中找到例子。書上說，法身是一種狀態，處在迷惑與智慧之前，它存在於任何二元概念生起之前，意思是，甚至在一個人經驗任何事情之前，就存在有這種法身的狀態。這種任運生起，非因緣的狀態，並非因緣的產物。這種狀態是中性的，因爲它非善、非惡，二元的概念並不適用於此。然而在同時，有自覺知（*self-awareness*）的存在。這種法身的狀態從來不曾被煩惱的情緒（思惑）與迷惑的概念（見惑）所破損。因此，不能談論涅槃或輪迴與法身的關係。在我們具有任何佛與眾生的概念之前，有一種絕對純淨，不曾破損，且是自覺知的狀態。法身是體驗所有顯現的基礎或源頭。不論個人是地獄中的眾生或是佛，都沒有關係，這種特殊基礎或源頭的存在是一樣的。法身是無分別的狀態，是我們的意識經驗顯現的基本來源。

法身作爲一種狀態，不是一個實體；它不是一件事物。它是非因緣，且恆常的。這是爲什麼我們說，法身不是因緣的產物。然而，當法身被描述爲常，這不表示說有一個永恆常存的實體。法身不是一個實體；它甚麼也沒有，並且不能以這種方式說它是常的。它是常，就如同虛空可以說是常，意義是一樣的。虛空是常，因爲它是非因緣的；它從未生出，因此也不可能停止存在。

這種非因緣的狀態產生了輪迴與涅槃，迷惑與智慧

以及概念性的困惑，情緒的煩惱等。心的各種化現與報身面向有關，從這種無分別的狀態化現。因此，經由本尊觀修、咒語持誦等，在心上用功，是一種引起報身能量的方式。如果一個人能夠成就這些修持，就可以有不同的淨觀，甚至多種本尊顯現。報身可能在人一生某些重要或象徵性的情況下示現。那洛巴的故事是這種經驗的極好例子：那洛巴是印度那爛陀大學的教授，傳說有一次，那洛巴在散步時遇見了一位他所見過長相最醜陋的婦人，婦人問他是否知道佛法？他給了肯定的回答，並說他是那爛陀大學的教授。對於這個回答，婦人開始又唱又跳，這令那洛巴十分困惑。接著婦人又問他是否了解佛法的義理？然而，這次當他回答是時，老婦人開始哭泣悲啼。這時他恍然大悟，他所有的理解純粹是知識性或概念性的，他完全忽視了直覺的一面。這位醜陋的老婦人，象徵心的情緒或直覺的面向。這種淨觀是從報身維度的一個象徵性呼喚，某種啓示性的經驗。

關於報身，一個人可以有各種這類性質的經驗。報身以象徵語言傳達，不是經由文字、描述與闡述來示現，而是透過覺受的直覺反應。淨觀與夢是象徵性語言的例子。在此意義下，除了上述提到的「七支」之外，與報身有關的還有另一條列。這些是「八自在」（*wangchuk gye*）。

1. 身自在（*ku yi wangchuk*）。這意思是，身的力量強大到一切輪迴與涅槃界的諸法都被完全馴服

了。身完全掌握這一切，而且具足由此生出的所有功德與善妙事物。

2. 語自在（*sung gi wangchuk*）。它的意思是，溝通的能力可以透徹理解所有輪涅根本的文字要素，能夠完全自在地運用它們。

3. 意自在（*thuk kyi wangchuk*）。意思是能夠融合有關輪涅二者的精神力量，在所有不同可能性的精神化現中得到自在。

4. 神變自在（*dzutrül kyi wangchuk*）。運用身、語、意三門的潛能，不再受制於傳統的示現形式，而能超越它們，以特別的方式展現能力。

5. 遍行自在（*küntu dro wangchuk*）。意思是持續不斷地受感應而行動，成辦利他的意向。而且具足了各種與輪涅功德有關的力量。

6. 處所自在（*ne kyi wangchuk*）。意思是報身處於色究竟天，「阿吒尼伽天」，實相的根本領域。在此意義下，由於報身與實相緊密不可分，故得自在。

7. 欲自在（*dö-pe wangchuk*）。這是有關報身與其對應的女性尊合一，無二無別的概念。不論我們稱之為諸佛之母、無我母、金剛亥母或金剛瑜伽女，它總是持續與報身合一的。報身的體驗恆常生起合一的大樂，這也是大手印的覺受。一個人

具足化現智慧的潛能而自在。

8. 所欲自在（*kye dö-pe wangchuk*）。意思是，報身本質上具足所有世間與出世間的成就。世間成就（*lokasiddha*）是指如超感官的知覺、千里眼、順風耳與傳心術等的潛能。這些能力是心靈證悟的結果。

化身

若一個人能夠證入與報身同調，他就可以示現化身形相。有三種不同種類的化身：事業化身（*zo yi tulku*）、受生化身（*kyewe tulku*）與最勝化身（*chok ki tulku*）。事業化身指塑像，以及其他被尊崇為宗教象徵的聖物。受生化生是指高度證悟的眾生，為利益他人而持續轉世投生，這是為什麼轉世活佛（轉世投生）被稱為祖古（化身）的原因，因為他們示現為某種化身形相，來利益他人。最勝化身指的是圓滿證悟佛果的人。因此，化身可以有這些不同方式的化現。

慈悲的四種方式

化身與報身兩者都是為了幫助他人。一旦個人已經生起證悟，他自然會去幫助、利益他人。人們常問到，當我們完全克服各種二元概念時，如何能去利益別人？因為在那時候，慈悲的對境與行慈悲的人沒有區別。

有些人在此看到一個問題，因爲這樣的行爲暗示著佛必然仍受二元概念的支配，認爲有眾生的存在，是他慈悲的對象。然而傳統上，此處完全沒有任何問題，因爲佛覺知有眾生爲慈悲的對象，不是二元思想的結果。佛生起慈悲，不是刻意計畫。佛的慈悲是以甚麼方式生起的呢？據說化身與報身示現慈悲的方式有四種。

第一種是恆常示現的慈悲。這個意思是，慈悲是報身證悟特質的一部分。慈悲始終在那裏，永遠不會耗盡，不會只在特殊時間才示現。從這意義來看，報身的慈悲是無窮盡的。即使佛入般涅槃，慈悲的示現並未終止。因爲即使化身暫時停止示現，其證悟能量，持續以報身的層次示現。佛經說：從報身的觀點，佛沒有入般涅槃，佛法沒有停止示現，因爲在報身的層次，教法存在於報身經驗的體現中。化身形相的示現與消失，僅只是爲了利益懈怠的眾生。在報身的層次，沒有所謂開始存在或不復存在。因此，慈悲的示現是恆常存在的。

第二種方式是自然展現的慈悲。這毋須誘發，這種慈悲的展現被描述爲回響的關懷。回應狀況而生起慈悲，沒有任何判斷，沒有任何概念闡述，也沒有任何顧慮。其意象就如太陽照亮黑暗，或月亮反映在水中一樣。此種慈悲恆常存在，任運、自然示現，無待強迫，也不需引發。

第三種方式叫做滿足對象的慈悲。只有能感應報身顯現的眾生，才能接受到這種慈悲。慈悲的對象以及對象所接受到的慈悲，彼此一致。報身與化身的慈悲，以適合對象的方式示現出來。如此，不同習性的眾生，能夠依據他們能了解與開展的層次，接受到這種慈悲。

　　第四種方式是回應祈請的慈悲。這種慈悲有兩個面向，分一般方式及特定方式。一般方式是指，在空性中示現報身面向的證悟者，出於悲心，從報身的境界起而行。換句話說，慈悲使佛在世上處於積極的狀態。特定方式是指，回應世界實際的情況而生起的慈悲。譬如，佛證悟時，他並沒有主動開始傳法，佛必須被請求說法以利益他人，以這種方式來展現慈悲。從上師或本尊處祈請慈悲，即是特定方式回應祈請展現的慈悲。

佛陀教法的兩個面向

　　因此，我們可見到報身與化身示現的慈悲有這四種方式。報身慈悲的示現，其附帶結果是經由化身的方式在公開場所示現的慈悲。這與證悟者所給予的教法有關，因為教法被認為是究竟的慈悲。從佛教徒的觀點，教法有兩個面向：一稱為「噶」（*ka*），佛語，是佛親口宣說的教法。另一是「丹珠爾」（*tenjur*），論，是根據佛陀教法所作的釋論。

佛語，「噶」，有三種。第一種是佛陀親口傳授的（*shal ne sungpe ka*），第二種是得到佛陀的啓發，在佛陀面前所說的（*chin gyi lape ka*）。後者的意思是，雖然佛陀在場，但他並未親自給與教法，而是鼓勵或啓發在場的他人，譬如觀世音菩薩，代他說法。因此，雖然佛陀實際上並未親自給與教法，它們有相同的權威性，就像是佛陀自己親口講說的教法一樣。最後，我們有些傳給下一代修行者的教法（*jesu nangwe ka*）。這些教法並非佛陀在世時實際提出的，而是另一世代引用、重新發現或給予新的動力，然而其基本動力就好像是來自佛陀本身一般。

「丹珠爾」，或釋論，有兩面向，一是教義的部分，另一則是覺受的部分。這兩者必須互相符合，假如一個人學習教法，並且在知性上聞思那些教法，這些教法就必須要能夠與個人內在的覺受互相符合。沒有單一的教義我們能稱之爲佛法了義教。佛陀經由他無盡的智慧、慈悲與善巧，設計出多種方法及解釋。然而，這有許多層次的詮釋，也有許多層次的理解。正如龍樹菩薩說：「佛陀的教法浩瀚如大海，依據眾生的根器，以各種不同的方式闡述。有時談論存在，有時談論不存在。有時談到常，有時談到無常。有時說快樂，有時說痛苦。有時論及自我，有時論及無我」等等。龍樹菩薩接著說：「此爲佛陀多元的教法。」

三轉法輪

在早期小乘的教法 — 稱為初轉法輪 — 佛陀否定一個恆常、實有的我的存在，但他並未進一步詳細討論這一點與空性的關係。在二轉法輪時，佛提出一切法空的教法；此處有自我的無實質或空性，以及外在現象空性的兩種觀念。接著在三轉法輪時，介紹如來藏的觀念，或稱佛性。在這些教法中，非俱生存在的我、自我或靈魂，與稱為「如來藏」或「佛性」的不壞心靈本性整合在一起，這「如來藏」或「佛性」不會被心的情緒與迷惑概念所染污。

佛陀給予不同層次的教法，有時候這些教法看似互相矛盾，甚至彼此的論點互相牴觸，但教法以這種方式呈現，是為了要度化最廣大的信眾。人們需要適合他們根器、性向與不同理解層次的教法。佛陀以如此的方式傳授教法，其涵義可以從許多不同的層次來理解。關於哪些教法包含了佛教主要的意義，哪些教法實際上是次要與表層的，大乘佛教解決這種問題的方法是，提出「不了義」與「了義」教法的區別。

不了義教法，藏文是「昌敦」（*trangdön* 梵文 *niyartha*）。「昌」的意思是「解脫」，「敦」表示「意義」。這些教法包含的義理，以解脫他人為意向。這些不必要照字面去理解，但確有其作用。舉例說，佛經與

論著中提到關於菩薩的奇跡事業，其中有各種牽強、離奇與不可思議的故事。在一些教法中，佛陀甚至可能說「有我」，或是類似的事情。這些被稱爲不了義教法，因爲那是爲了啓發、激勵人們而說的，所以必須要在這情況下去了解其義理。

了義教法，藏文是「涅敦」（*ngedön* 梵文 *nitartha*）。這些教法主要是關於空性。所有討論空性的教法，應按照字義去理解。從大乘的觀點，所有關於空性的教法都應該被視爲了義，而所有其他的教法，都應該視爲不了義。

然而這裡仍然有一個問題，因爲並非所有的佛教宗派，都同意哪些教法是不了義，哪些教法是了義。譬如，在藏傳佛教中就存有一些異議。藏傳佛教的噶舉與寧瑪傳承認爲，三轉法輪所提出的如來藏是究竟義理。然而，格魯派卻認爲這些關於佛性的教法，義理爲不了義。對他們而言，如來藏教法的傳授，只是爲了使人們不會因沒有實體自我的想法，而感到恐慌。因此，在格魯派的體系中，如來藏只是不了義教法。

總之，所有這些不同類的教法 — 看似十分複雜 — 傳授的目地是要減緩人們的痛苦與疑慮。據說八萬四千種不同的法門，相對應於八萬四千種不同的煩惱。然而，所有的教法都是爲了要減輕人們的痛苦，都是朝向證悟佛的三身，或佛存在的三種方式。

13

經教與密續

《密續成就的層次》

　　理解大乘經教的傳統非常重要，因為不先掌握經教的觀念，就無法了解密續。雖然就經教與密續的信眾而言，目標沒有任何差異，但密續教法在某些重要方面，被認為比經教教法殊勝。

　　大乘經教的方法是漸進且溫和的，運用一些特定的方法，在一段期間內達成目標。而密續是直接對抗的、較令人不安，由於如此，其結果較為快速。基於這些理由，經教大乘被稱為「因乘」，而大乘的密續形式則被稱為「果乘」。

　　經教與密續的信眾，目標都是要達到「無住涅槃」的境界。這個名詞指出不住於輪迴狀態，也不住於涅槃寂靜安樂的重要性。這個觀點不同於早期佛教的涅槃觀點，大乘行者認為那太過平靜、太過於脫離世界；另一極端則是

沉陷於輪迴狀態的執著，沉溺於迷惑之中。大乘傳統中，經教與密續的信眾應該避免這兩種極端。他們對「無住涅槃」的了解是，處於世界中，但卻不受其影響。

雖然經乘與密續的目標相同，但是用來達成目標的方法，卻有相當大的差異。密續提供許多經教所沒有的方法，這些方法被組織成各種開展層次。密續體系使用一些技巧，是經教所沒有的，例如，觀想、持咒以及身體能量的運用。經乘是透過學習經典與教法，於其中見到如佛性和空性的概念。詳細了解這些概念也能夠幫助我們了解密續。業力習性、五毒以及四層次的識，這些觀念全部都可以在經乘典籍中找到。

即使是本尊的觀想，也必須從經教的觀點來了解。舉例來說，本尊可能有六條腿，為的是代表六波羅蜜多。所有這些要素都是某些心靈功德的象徵，可以從修持某一本尊來實現。因此，我們必須要了解六波羅蜜多是甚麼，而我們發現這些波羅蜜多在經教中有著詳細的闡釋。

另一個例子是一些本尊的頸間戴著五十一顆頭顱。這些頭顱代表五十一種潛意識精神上的閃議，一般翻譯成「五十一心所」。你確實可以找到經乘教法，其中詳列所有五十一種心所法，但當然地，你無須去找出那一顆頭顱代表那一種心所。本尊必須要從其象徵意義來了解，而這些象徵，透過了解它們所涉及的經教概念的種

類，就更能被把握。如果我們不了解這些事情的象徵意義，我們會非常像在修習鬼神。

密續的方法能直接面對並處理迷惑與煩惱情緒。事實上，應該斷捨的迷惑，以及應該培養的心靈功德，被認為是一體的兩面，而非兩種完全相反的經驗。由於這原因，密續體系也被稱為秘密傳統，並非它有任何需特別保密的事情，而是因為修持密續，行者需要具備某些特質。從某種意義上來說，一個人需有某些能力才能修持密續；否則將無法從修行上得到任何利益。密續教法在某種程度上被保密，並非其內容不能被揭露，而是因為許多人不能領悟其教法。

若一個人具有所需的能力，則經由密續方法的運用，就有可能在短時間內達到證悟的目標，經教則不然。從另一個角度來說，經教與密續方法的差異，在於它們對世俗諦的運用。咒語持誦、本尊觀想以及其他法門，都是運用世俗諦本質的方法，因為這些能使修行者直接接觸世俗諦。然而，密續方法所證得的勝義諦與經乘教法討論的勝義諦是相同的。

密續體系有許多不同的名稱，例如密續乘、金剛乘與真言乘。「續」，藏文是「擧」（gyü），意思是「連續」，因為密續教法強調一個人在輪迴狀態的內在本性，與同一個人在涅槃境界中的內在本性，兩者是連續的。證悟

時，人們不會發現自己成為一個全然不一樣的個體，因為佛性從本以來就是存在的。密續強調佛性的重要。「金剛乘」（vajrayana）這個名詞，事實上有相同的涵義。「金剛」的意思是「不可摧破」，所以金剛象徵不可摧破，這也指佛性的功德。譬如，金剛薩埵法（密續淨障的一種法門，運用本尊金剛薩埵的觀想，並且持誦其咒語）是佛性的修持。「薩埵」（sattva）的意思是「心」，因此，「金剛薩埵」（vajrasattva）指的是「不可摧破的心」，就是佛性或心性。金剛乘也強調佛性這個概念的重要。

雖然大部分經乘教法將輪迴描述為涅槃的反面，密續對佛性的強調，將輪迴與涅槃的概念結合在一起。雖然經乘教法說，輪迴的每一件事物都應該斷捨，而展現涅槃功德的每一件事物都應該培養，但在密續的了解則為，佛性是個人所有輪迴與涅槃經驗的起因。這是為什麼關於佛性的了解，密續強調不可摧破與相續。

密續的層次

金剛乘的修持或密續教法，被系統地歸類為四部，且修行者被鼓勵應系統地、漸進地遵循密續教法。觀想的本尊與修行者之間所存在的關係，依據行者所從事的密續層次，會經歷不同的轉變。甚至所觀想的本尊本質也不同，舉例說，他們可能是忿怒的或寂靜的。

1. 事續

密續的第一層次是「事續」（*Kriya Tantra*），藏文是「甲舉」（*bya gyü*）。事續法門著重儀式，必須嚴謹、清楚地遵守，這一點非常重要。譬如，注意潔淨很重要。事續的修行者應該要行沐浴儀式，一日淨身四或五次。他們必須嚴格持素。所觀修的本尊，絕大部分都是寂靜本尊，而本尊與修行者之間的關係，行者是恭敬順從的。行者視本尊爲主人，而自己是僕人。

在密續中有成百甚至上千的本尊，他們全部隸屬佛的部族。在事續的層次提到三個不同的佛部族：蓮花部、金剛部與佛部。所有的佛都包含在佛的部族，蓮花部的主要本尊是觀世音菩薩，而金剛部的主尊是金剛手菩薩。

要修持觀想及從事密續儀軌的修行，行者必須先領受適當的「灌頂」（*abhisheka*）。根據第一世蔣貢康楚仁波切所說，「灌頂」的梵文 *abhisheka* 一字，出自兩個不同的來源，首先是 *abhikensa*，表示「少量灑水」之意，這是我們所接受每一個灌頂的一部分，象徵染污的清淨。「灌頂」此字的另一部分 *abikenta*，意思是「將某件事物放入容器內」。蔣貢康楚仁波切說這代表，當心的染污已經淨化，智慧的特質就可以置入其中，因此，*abhisheka* 的眞正涵義就是「灌頂」。透過領受灌頂，個人的修持才能生起作用。蔣貢康楚仁波切因此說：遵守適當的程序傳

授及領受灌頂，非常重要。這應非常正確地做，因為缺乏灌頂，一個人的修持就起不了作用。經由灌頂的傳授與領受，上師與弟子之間建立起某一種關係。這種關係在那一刻轉化，從那時起，它就不再是尋常或無關緊要。蔣貢康楚仁波切說，這就好比婚姻的誓約，就如同婚姻的儀式，可以把兩個人之間的關係，轉化為某種不同於過去的情形，上師與弟子之間的關係也可以被轉化。

在事續的層次有兩種不同類型的灌頂。首先是灑淨水灌頂，其次是寶冠灌頂。灑淨水灌頂使用的是寶瓶，而寶冠灌頂則用寶冠手印來傳授，而非真正的寶冠。在事續中，本尊的觀修包含兩種不同類型，可以用完整的形相，或象徵性的形相來觀修。若不觀想具有手、面、足等完整身形的本尊，行者可以觀想象徵性的本尊 — 譬如，觀為金剛杵。本尊也可以被觀想為藏文字母的形式，舉例說，行者可以觀想種子字，那是等同於觀想本尊本身。然而，在事續的層次，行者與本尊之間的關係，基本上是一種不對等的關係。我們視自己為迷惑的、有染污的，而本尊被尊崇為具有所有的力量，可以給予我們。

2. 行續

行者接著進到下一個階段，「行續」（*Charya Tantra*），藏文是「覺舉」（*chö gyü*）。行續強調內心禪修狀態與遵循外部身語儀軌兩者的重要性。行續（*Charya*）的意思是

「儀軌修持」，涉及身體姿勢與咒語持誦，也包含禪修的精神面向，這是透過觀修開展的。當行者在行續層次觀修本尊時，它不再依據事續所定義的那種不對等觀念。本尊被看作更像是朋友一般，而不是尊貴被禮拜的對象，即便他在特質上與行者沒有共通點。密續教法說，當我們觀想自身為本尊時，應該生起「佛慢」（*divine pride*）。這意思是，我們應開展自信，而不是傳統意義上的傲慢。我們所尋找的每一件事物，早已存在於自己之內，只要我們知道如何去開發這些資源。

本尊在行續的層次也歸類為三種佛部族，稱為身、語、意部族。除了名稱之外，在事續、行續屬於佛部族的本尊之間，似乎沒有差異。至於灌頂，則有些微的不同，因為在此有五個灌頂，而非兩個。當弟子準備好要修習行續，他必須接受這五種灌頂，包括灑淨水、寶冠、金剛杵、金剛鈴與名字的灌頂。

行續中本尊的觀想有兩個面向，相對的與究竟的。有時本尊的究竟面向被稱為本尊的清淨面向，而相對面向或不淨面向則是本尊自身的真正觀想。觀想的本尊，其究竟本性與個人的佛性，或心性沒有差別。基本要點是，本尊的觀想不是究竟的，因為本尊是心的一種投射。

3. 瑜伽續

從行續行者繼續進到下一個層次，也就是「瑜伽續」（*Anuyoga Tantra*），藏文是「傑速那就舉」（*jesu naljor gyü*）。在此層次，行者愈來愈不依靠世俗諦，而更朝向勝義諦。與行續一樣，行者必須接受五個灌頂才能修持瑜伽續。這些灌頂是灑淨水、寶冠、金剛杵、金剛鈴與花。在瑜伽續的層次，行者必須要生起菩提心，並且持守菩薩戒，因為若缺少了這些，就不能繼續修持。瑜伽續的修法包括直接處理煩惱與染污，而將它們轉化為五智。五佛部事實上是這五種智慧的象徵。

　　大乘教法，尤其是最後一次轉法輪，討論到五個層次的識。第一個層次是「阿賴耶識」（*alayavijnana*），或稱「藏識」（庫藏識）。此「藏識」保存所有業的習氣。在某種程度上，它相當於西方所了解的「潛意識」。這些業力習氣，藏文稱作「帕恰」（*pagchak*），梵文是「瓦撒那」（*varsana*）。「帕恰」字義上是，「以隱密的方式存在」，或不能馬上意識到。因此，這些「帕恰」，或業的印痕與傾向，在「藏識」的層次運作著。「藏識」可被轉化為所謂的「大圓鏡智」。

　　識的第二個層次叫做「我執心」，藏文是「紐亦」（*nyön yid*），梵文是「末那識」（*manovijanana*）。由於業力習性的緣故，我們感官的經驗會受到我執心或自我如何看待世界的主觀看法過濾而影響。這個我執心被視為是自我概念的所在，且任何種類的自我中心或利己心，都是

從這概念生起。這個我執心可被轉化爲「平等性智」。

　　識的第三個層次是我們一般所說的「意識」，在意識層次，刹那刹那思考、感受與體驗的心。這被轉化爲「妙觀察智」。

　　最後的層次是「五識」，或提供我們外在世界資訊的五種感官印象，經由瑜伽續的過程，五識可被轉化爲「成所作智」。

　　能成辦這一切的是第五智 ——「法界體性智」或「法身智」，亦即是佛性本身。佛性是輪迴與涅槃兩者經驗的基礎。因此，證悟佛性就化現爲「法界體性智」（究竟實相），或法身。透過瑜伽續的修持，行者可以使用這些技巧直接處理迷惑與煩惱。

　　正確理解時，這些煩惱同樣可以轉化爲智慧，因此煩惱正是構成智慧的材料。至少這是密續的理解，被喻爲是將鉛轉化爲金的煉金術。行者無須明顯區分甚麼是要捨棄的，與甚麼是要培養的。行者若知道如何處理那些通常會引起煩惱的事物，事實上反而可以藉此生起洞見與智慧。

　　有時候，密續修行者被比喻爲孔雀，不是因爲他們的自大傲慢，而是因爲印度的神話說，孔雀以毒爲食。

就如同孔雀以毒爲食物，一位有能力的密續修行者能將貪、瞋、癡、慢、疑五毒轉化爲五智。

　　一般說來，人有五毒，但是通常其中的一種會比較突顯。一個人可能以瞋心或驕慢或嫉妒，爲主要的問題。五毒相對應於五方佛部族。舉例說，蓮花部的佛，顏色是紅色，代表貪欲被轉化的能量。每一種特別的毒（煩惱）都對應於一種正向的心靈潛能，利用該煩惱能量可開展這種正向的心靈潛能。當然，並非每一個人都隸屬於相同的佛部族，但是每個人仍需從事所有佛部族的相關修行。因弟子需要調伏某一特別的煩惱，上師可能推薦弟子修持某一特定的法門。另一種解釋它的方法是，轉化所謂的五種身心要素或稱「五蘊」（*five skandhas*）爲五種智慧。沒有甚麼是個人必須捨棄的，相反地，我們可以利用一切事物來達成證悟。

　　密續的最後層次是「無上瑜伽續」（*Mahanuttarayoga Tantra*），那是至高無上的瑜伽，我們將在下一章討論。

14

無上瑜伽續
《成為一位完人》

　　密續的最後層次，「無上瑜伽續」（*Mahanuttarayoga Tantra*），藏文「拉美千波舉」（*la-me chenpo'i gyü*），這是最高的層次，同時也是最難修持的。與其他密續不同，在此層次，行者藉著觀修例如忿怒本尊，而直接處理他自身的煩惱情緒。在無上瑜伽密續，行者時時努力注視那些可怕的、駭人的、會產生貪欲的事物等等，嘗試將這些經驗與更解脫的心靈經驗連結，以期領會這些能量就是智慧的示現。由於這個理由，行者觀修雙運本尊等等。

　　觀修忿怒本尊，比觀修寂靜本尊，更易激起情緒。這些忿怒本尊可以是非常駭人的。他們通常都裝飾有頭顱，披戴獸皮以及那一類的物品。然而，這一切都必須以象徵性地理解，並且在每一特殊法門中，去理解這些象徵所代表的意義。由於某一特別的理由，本尊有一定數目的頭，或一定數量的手足，他們穿戴的獸皮等等也

是基於同樣的理由。舉例說，人皮可以用來代表貪欲；虎皮代表瞋恨；象皮代表無明。我只是以這些作爲例子，因爲關於這些特殊的形象，其象徵意義不是固定不變的。在法門與法門之間、本尊與本尊之間，它們都是不相同的，因此，行者必須在每一特殊的背景中，了解其象徵的意義。在所有這些法門中，重點是要在神聖與世俗之間，帶來某種結合。有了這樣的理解，如同先前的密續層次，行者領受無上瑜伽密續必須的灌頂。第一個灌頂是「寶瓶灌頂」，它的第一部分包括灑淨水灌頂，象徵清淨染污。接著，給予寶冠灌頂，依據無上瑜伽密續，此灌頂的意義在於，行者必須找出他所屬的佛部族，而這特定佛部的寶冠就以象徵性的方式，置放在行者的頭上。寶瓶灌頂的其他部分包括將金剛杵置於行者頭上，象徵空性與慈悲的不可分。除了這一切，行者也獲得一個新的名字，象徵他獲得重生的這件事實。這些灌頂都是屬於寶瓶灌頂的一部分。

接著是「秘密灌頂」，秘密灌頂之所以稱爲秘密，是因爲這灌頂授權行者可以觀修本尊合一。當然，合一的重要意義是，主體與客體，或智慧與空性，或慈悲與空性二元的合一。爲了象徵樂的經驗，那是合一的結果，會給予行者加持甘露藥丸作爲灌頂的一部分。與寶瓶灌頂有關的壇城是外在曼達壇城，以砂做成，或是在布上繪圖。秘密灌頂的壇城並非實體，而是精神的。這是因爲領受寶瓶灌頂是爲了要消除身體的染污，而秘密灌頂

則是要斷除語的染污。

　　第三個灌頂是「智慧灌頂」，行者因此可以修持如拙火，或稱靈熱瑜伽這樣的法門。此處的要點是，經由這些修持來轉化色貪的能量。要達到此的方法取決於修行者，要看行者是否爲僧眾、獨身與否？總之，基本的目標是經由色貪能量的轉化而證得大樂。靈熱的修持，舉例說，即使是獨身者修持，靈熱從臍輪經由中脈往上升，直到它融化所謂的白菩提，或「生命精華」，然後再下降。當生命精華由中脈下降，行者在不同層次會經驗到不同種類的樂。若與伴侶同修，稱之爲事業手印，若由獨身者修，稱爲「姜那」（jnana），或智慧瑜伽。這兩種方法達到的目標都相同。

　　最後的第四灌頂稱作「符號灌頂」或「文字灌頂」。由於色貪能量的轉化，行者獲得樂的覺受；而經由樂的覺受，會更容易克服主體與客體的二元。當樂的覺受更爲洗鍊時，就轉化爲所謂的「極喜」（mahasukha），有時也稱作「俱生喜」。極喜與證悟心性或了悟大手印是一致的。從大手印的這個觀點，心性有三個面向 — 樂、空、無念。

　　第四灌頂本質上是象徵性的，因爲它不授權行者做任何特殊的修行。文字灌頂是一種直指心性的象徵表示。修持第三灌頂會經驗到樂的覺受，此法門的至高點是要

超越任何可能存在，有關於樂的微細執著。行者也了悟到觀修的本尊、持誦的咒語及所作的其他修持，都只是方便法門。而所有這些本尊，事實上，代表的正是心自身早已具有的精神特質，因此超越所有的概念與戲論。

如此，密續的四個層次，引導行者經歷不同自我了悟的階段。與經乘的方法不同，密續利用煩惱情緒及概念以超越迷惑，利用概念的方法就是透過觀想的修持。當行者愈熟悉這些觀想，它們就會愈來愈複雜且愈費力。概念毋須捨棄，相反地，要運用這些概念。同時行者也利用煩惱情緒，轉化它們成為對應的智慧。與所有其它的佛教法門一樣，我們必須按部就班地修習這些法門，我們必須準備好自己以修習這些法門，否則在某些較高的階段，可能會令人不知所措或令人不安，反而沒有任何助益。

應該強調的是，我們必須有適當的指導，才能修習這些密續法門。由於密續是如此地權宜與有效，我們若沒有掌握密續的要點，則它所造成的傷害，會比誤解經教的方法所招致的傷害更大。假使我們正確地修習，並且在學習無上瑜伽密續之前，逐步修持各個不同的次第，那麼，我們的努力不僅有助於此生，而且在死後的中陰狀態也會有幫助。譬如，《中陰聞即解脫》（*Bardo thödröl*）書中所描述的所有的駭人眾生，與無上瑜伽密續中觀修的本尊是相同的。這不表示在中陰狀態我們遭

遇到的本尊，與我們可能觀修的本尊將完全相同。但是透過持續的觀修，我們提醒自己一個事實，這些本尊是我們想像出來的，並非某種真實、獨立存在的事物。這種了悟，可以在死亡的時刻幫助我們。

如同教法指出，僅因爲我們知道，睡眠或夢中所出現的駭人經驗，只是精神的幻相，但這並不表示，當我們夢中確實經驗到這些事物時，我們有能力可以控制它們。但經由睡夢瑜伽的修持，那是無上瑜伽密續的一部分，我們有可能現在就能控制我們的夢。我們可以有清明的夢，且作夢時，能真正了解那只是一場夢而已；因此在夢中，即使我們有恐怖的經驗，也沒有甚麼可害怕的事物。

同樣地，觀修本尊有助於心性的了悟。假如能了悟心性，即使是在中陰狀態，我們將可以認出所發生的一切。在無上瑜伽密續的修持中，我們觀想我們所能想像得到的最駭人本尊，爲的是要讓自己熟悉自己心識黑暗的一面。了悟最可怕、最怪誕、最令人厭惡的存有物，所有這些都具有心靈功德的象徵意義。

當我們說本尊是心的投射，那不表示說本尊自身沒有某種力量。我想這類理解來自於西方的認知，以爲心外之物較心內之物更真實，但這不必然是事實。舉例說，精神病患的錯亂只是在他的心內，但那些錯亂對那人有強大的影響。運用觀想和這一樣也是真實的，觀想對心

來說可以是非常強有力的影像，因此在這特殊的情形下，具有療癒的作用。以佛法的名詞來說，這可如此地表示：從究竟觀點來說，本尊是心的一種投射，但從相對觀點來說，由於本尊投射於外，他們的確有自己的某種存在。因此，在相對層次上，本尊對行者的心可以有某種影響。我們不應認為，因為一切是精神的，就沒有必要做任何這類事情，認為那只是浪費時間而已。

密續法門的目的，是要在有意識與無意識、神聖與世俗以及所有其他的二元之間的間隙處搭起橋樑。只有當我們如此做時，我們才能領會觀修本尊以獠牙撕扯肉，貪婪地啃食人心，或飲血及其他這類事物的目的。它提供一種成為一位完整的人的方法，因為我們能夠認知所有令人討厭、令人不安之事。我想，這就是關於成為一位證悟者的一切。

15

那洛六瑜伽

《處理煩惱情緒》

　　那洛六瑜伽被傳授給印度的成就者那洛巴,以輔助其日常大手印的禪修。這些瑜伽包含有靈熱(拙火)、幻身、睡夢、光明、中陰與遷識。六瑜伽的目的是要幫助修行者面對並處理各種煩惱情緒。此處不適合詳細討論六瑜伽,因為你必須先領受過所需的灌頂,並且已經完成加行修法。然而,我可以解釋這些法門的本質,以及行者選擇修習這些法的理由。在開始修習六瑜伽之前,必須先完成共加行與不共加行,這很重要。共加行包含思惟無常、業報因果、人身難得以及輪迴是苦。不共加行則包括皈依大禮拜、金剛薩埵、獻曼達與上師相應法。

　　在順利圓滿所需的加行法之後,瑜伽士或瑜伽女可以開始那洛六瑜伽的修持。根據傳統教授,靈熱瑜伽最適合具有巨大能量與奉獻精神的人。另一方面,睡夢瑜伽與光明瑜伽,最適合昏沉、嗜睡的人。瑜伽的修習與

一個人的嗜好、習性及心理特徵有關聯。舉例說，靈熱的修持是處理強烈色貪的有效工具，幻身瑜伽則適合瞋恨性情者。對那些煩惱染污傾向較深者，光明瑜伽是其對治法。中陰瑜伽的修習是爲了我們不可避免的死亡與死後的中陰狀態做準備。而修習遷識是因爲死亡時身心的分離，透過這個練習，一個人在活著時就能熟悉遷識的經驗。

在修習六瑜伽的過程，瑜伽士或瑜伽女能夠生起「大樂」（mahasukha）的經驗。我們通常可體驗到，欲望是執著與依戀的來源。但是經由修持，就可能將卑劣與束縛，轉化爲崇高與解脫。其後，身心能量的通道（脈 nadis），身心能量之流（氣 prana），身心能量的中樞（輪 chakra）以及生命的精華（明點 bindi）開始以它們最佳的水準運作，因而提供了修行者一種身心健康有活力，但至今尚未能知的層次。那洛六法代表密續中，利用善巧方便（upaya）最有效的方式，每一種瑜伽的目的都是爲了處理一種特別的煩惱（klesha）。

靈熱瑜伽（拙火）

靈熱的修習是爲了轉化色貪成爲靈性，將不常身體感官的喜樂轉化爲大樂。這種樂的覺受，引導趨向於對究竟實相或空性的了悟。樂的心靈體驗與空性不可分，這是經由能量通道、身心能量與生命精華的訓練而達成

的。主要的能量通道（脈）有三條，一條在中央，一條在右邊，一條在左邊。右邊與左邊的能量通道代表著男性與女性的元素。五個身心能量的中樞（脈輪）配置在身體內的特定點，頂輪位於頭部，被稱為「大樂輪」，喉間住有「受用輪」，心間安住「精神流露輪」（法輪），臍間為「創造化現輪」（幻化輪），而密處則是「持樂輪」。

頂輪被稱為大樂輪。根據密續醫學心靈系統，即使在平時的性行為，樂也是從頭部下降。喉輪得到受用的名稱，因為我們是經由此穴享用食物。心輪被稱為精神流露中心，因為從此處化現出如貪、瞋等的感覺。臍輪被認為是創造化現中心，因為此處存在著創造性的生命力。即使是身體的體溫也是從這區域流佈到四肢，這區域被視為是生命力本身的創造源頭。密輪是樂的中心。教法中提到，在一般狀況下，樂的經驗從頂輪下降，經過喉輪、臍輪到達密輪，性的能量在此處釋出。然而，透過密續的修持，性的能量被刻意持住，並且反轉，而非釋出，修持者不會失去控制。這種性能量的反轉，是產生大樂之因。當然，這種自我的控制需要相當的修習。

瑜伽士或瑜伽女將正常能量的通道，轉化為更清淨、更解脫的通道。靈熱的修持是為了生起煖熱，而從煖熱產生樂。這個修持除了能引導並達到心靈的了悟，也能使修行者因為體內元素的平衡，而使身心感受到相

佛教的本質

當的健全幸福。而且由於靈熱修持的結果，行者不再受到極端冷熱因素的影響。

幻身瑜伽

幻身瑜伽的修持讓我們能夠面對處理我們的瞋心。透過這種修持，我們能了悟瞋的無實，由此了悟諸法的幻化本性。有幾種方法可用來冥想幻化。首先是冥想實質物為幻，其次是冥想語為幻，第三是冥想意為幻。實質物體的冥想，意思是視那些物體猶如夢一般。當我們做夢時，我們可能感覺自己遇見了某某人、住在如此這般的房子等；醒來時，我們發現夢中的一切全然虛幻無實。同樣地，在現象界中，每一樣看來堅實且無法穿透的物品，實際上無實體、無本質。這可經由此瑜伽的修持而了悟到。

睡夢瑜伽

修持睡夢瑜伽能夠生起清晰作夢的利益，如此當我們仍在睡眠時，我們可以清楚地知道所做的夢。那麼，即使是作夢的經驗，也可以用來促進我們心靈的進展，在醒與睡時，兩者都不會浪費時間。這個修持有兩個部分：認知夢是夢，以及了知夢為虛幻。在熟稔睡夢瑜伽的這兩個部分後，瑜伽士或瑜伽女發展出可以隨意轉化夢境的能力。如此，噩夢可轉化為愉悅的夢。除了預示未來事物之類的夢以外，大部分的夢都被認為是我們

業力與習氣的產物。本尊瑜伽（本尊觀修）與夜間睡夢瑜伽的修持有密不可分的關係，兩者都是在處理精神形象，對了解心的多種變換如何運作，非常的重要。

光明瑜伽

當瑜伽士、瑜伽女更嫺熟睡夢瑜伽時，他們在睡夢中就能保持覺知，而不會屈服於昏睡與懶散的強力拖曳。透過光明瑜伽，由於無明的影響逐漸減弱，行者開展出強大的精神敏銳與清明。

如此，六瑜伽的修行者在日間修持靈熱與幻身瑜伽，而夜間則觀修睡夢與光明瑜伽。靈熱與幻身瑜伽，如前所提到的，是過度貪欲與瞋心的對治法。睡夢瑜伽可消除精神的呆滯與沉重感，光明瑜伽可用來增補睡夢瑜伽。這些修持的結果是心的清明與敏銳，如此，瑜伽士、瑜伽女能日夜都保持覺知感。正是經由這些修持，我們能夠轉化五毒，而證悟大手印。六瑜伽是方法，而大手印則是目的。

中陰瑜伽

中陰瑜伽的修持可區分為四個部分：此生自然中陰、臨終痛苦中陰、法性光明中陰以及投生業力中陰。

1. 此生自然中陰

「中陰」（*bardo*），意思就是「在中間」。此生的自然中陰包括從出生的那一刻到死亡之間。因此，此生是夾在出生與死亡之間。根據佛法，生命本身是由連續不斷的生、死和再生組成。從這個意義上說，一個新鮮思想的形成，新的人生境況或嶄新的經驗，都代表著出生。當這些逐漸消逝，只剩模糊的記憶，或是無意識，那就是死亡。類似的生命或心的經驗再度出現，就代表再生。因此，在此生的自然中陰，我們必須使自己習慣必死的事實。如果我們能夠成功地做到這樣，我們就已經準備好面對臨終痛苦中陰。

2. 臨終痛苦中陰

臨終痛苦中陰可區分為二，即感官（根）、感官能力（識）與外在元素（*jung wa*）的消融，以及內在心所（*sem jung*）的消融。根據密續醫學系統，生命起初是由五種元素（五大）聚集而形成。這些元素維持著由此得來的生命，但也是造成死亡的原因。因此，這些元素共同的和諧運作，對生命的延續很重要。當這些元素同時停止運作時，即預示著臨終痛苦中陰的到來。

伴隨著五大元素消融的是，身心的能量逐漸從身體退失。結果，臨終的人經驗到正常身體運作的困難。首先發生的是身體消化食物的能力，他們不再能吃、喝正

常的食物，且開始呼吸困難。他們不再能隨意移動四肢，且大小便失去控制。他們變得神智不清且迷亂。

在臨終者痛苦哀傷的項目中還包括，五種元素（五大）的消融。地大提供堅硬與強度以支撐身體，然而在死亡時刻，這一元素消融入水大，導致身體逐漸虛弱，頸項無法支撐頭，雙腿不能保持身體的直立等。瀕臨死亡除了這些明顯的身體徵兆外，也有相對應的精神徵兆，心變得遲鈍、不明與混亂。

接著，水大消融入火大。由於水大供應身體迫切需要的液體，此元素的消融，毫不意外地導致口舌乾涸，舌頭也變得僵硬。臨終者精神變得焦慮不安。

接下來，火大融入風大。此時體溫消退了，身體的跡象包括口鼻的冰冷。臨終者的心識有時清醒，有時昏迷，並且無法辨識事物。

這逐漸且痛苦的消融過程，在風大融入識大的時候達到極點。臨終的人開始不規則地呼吸，呼氣長，而吸氣困難。精神上開始有幻覺，這些幻覺的性質，取決於個人生命的經驗與業力的習氣。感官能力（識）與感官（根）停止了作用，因此臨終者完全不能再理解感官的對境（塵），甚或誤解了對境。

在感官能力完全停止作用時，識大就融入空大，這時，臨終者的呼吸就停止了。在死亡與臨終的過程，這時候心的部位仍然還有殘存的溫度保持著。據說在某些罕見的境況，垂死的人可能再復甦，並且活過來。除了這不尋常的例外，這是生、死界線的劃分處。由於個人的業力，神識被猛烈地從身體拽出來，且開始了粗與細的思想的消融過程。在思想褪逝的初期，亡者開始覺知到白、紅與黑幻象的顯現。

密續文獻詳細地解釋兩類生命能量的來源。這些生命精華存在於兩個不同的地點。能量來源的一種是男性的生命精華，得自個人的父親，存在於大腦皮層。女性能量的來源傳自母親，並且存在臍區。男性精華為白色，而女性精華是紅色。在死亡的時候，由於身心能量的移動，位於頭頂部的男性精華，被迫經由中央能量的通道（中脈）往下移動，於是亡者產生了白色的知覺，據說會出現一種相當於月光的白色。接著，存在於臍區的女性生命精華往上移動，產生紅色的幻象，類似於太陽光輝的色彩。由於這兩種生命精華在心輪的碰撞，臨終的人昏厥過去，且於此時死亡，成了一個脫離軀體的生命。

3. 法性光明中陰

白色與紅色光的幻象被稱為現象光明，而在死後的這個時機所經驗的淨光，被稱為基光明或究竟光明。這

兩種光明，以佛性的方式，顯現於心自身。由於在這極短暫的時間內，心的所有染污因素停止了，亡者有機會認出他俱生的自性。佛性存在於每一眾生，因此我們無法擺脫它，然而那不表示時機到來時，我們就一定能認出它。基於這理由，行者修習像六瑜伽這些法門。

洞見心性培養的光明被稱爲「子光明」（*son luminosity*），而俱生存在於心的光明被稱爲「母光明」（*mother luminosity*）。如果亡者能抓住這珍貴的瞬間，並且了悟在這種狀態下經驗到光明，等同於認識自己的本性，那麼就能從輪迴的束縛中解脫。

若在這刹那中無法認出自己的本性，則會導致各種精神的痛苦。具忿怒相、多頭、多手、多足的眾生幻象，顯現於中陰。不僅這些恐怖幻象會嚇壞可憐的中陰眾生，更有那些讓人想像不到的最可怕、最駭人的聲音也控制著亡者。

在經歷了一段這種痛苦難忍的精神折磨之後，由於這種徹底強烈的經驗，慶幸地導致亡者失去知覺。先前所有的化現都消失了，亡者發現自己處身於一個全然不一樣的環境，周遭是半透明，彩虹色，並且充滿光芒，這是個遍滿嚴飾華麗寂靜尊的世界。接著是五彩光芒的壯觀景象。

這裡有一個重點，在整個中陰的旅程中，亡者必須要注意，如此才不會被中陰的靈異幻影欺騙。他必須要理解，這些靈異幻影是自心的產物，沒有任何客觀的真實性。密續的觀想修持包括寂靜尊與忿怒尊，被視為是極為有用的工具，可讓我們熟悉各種形式的精神投射。若我們能夠認出中陰的靈異幻影是自心的產物，那麼，我們就可在中陰本身找到解脫。否則，由於我們懸而未決的業力，我們會再度投生，於是就開始了投生的業力中陰。

4. 投生業力中陰

我們會生在何處，生在甚麼樣的家庭，以及會有甚麼樣的身體特徵與精神習性，在很大的程度上取決於我們前一世的行為，與我們死亡時的態度。正如同修行可以減輕臨終時的痛苦，修行也可以讓我們能夠有意識、有覺知地選擇投胎，而減少投生時的精神創傷。這是高度證悟者應該有的投生方式。

遷識

「遷識瑜伽」（頗瓦 *phowa*）涉及到將一個人的神識遷入一個較高的狀態。這意思是經由這種訓練，瑜伽行者能夠將神識從頂輪投射出去。有此能力的修行者，能夠隨意地控制身心。

我希望讀者能更清楚地了解，在密續中，一個人可以運用各種情況和環境作為道用，不論是內在的精神狀態，或是外在的環境條件，包括我們心的迷惑狀態，都可以用來修行。若正確的使用，且若引進正確的密續修行方法，幾乎無任何事物不能用於增進個人的心靈力量。

　　當然，我對密續道及其修持，只是非常概括性的描述。要從事密續的修行，一個人必須從自己有信心的上師處，領受正統的傳授。根據密續，沒有適當的灌頂、口傳與教授，初學者不可能在修行上得到成就。換句話說，這樣的人將不會了悟一位證悟者所獲致的成就（悉地）。遵循經教的方法，行者能夠成為阿羅漢與菩薩，而遵循密續道，一個人可以證得密續證悟者的境界，或稱為大成就者。

16

大手印與心性

《超越二元》

　　「大手印」的概念在藏傳佛教中非常的重要，尤其是在我所屬的噶舉傳承。這個名詞字義上的意思是「大印」或「大象徵」。「大手印」（Mahamudra），基本上指的是究竟實相，空性，但它也指心性本身。究竟實相，也就是大手印，是遍在的，不可分別的，既不是主體，也不是客體。這個概念與心性本身沒有任何差別。

　　從這個觀點，「心性」不同於我們平常談論時所指的「心」。通常，當人們談論到心，他們指的是那個思考、希冀以及經驗情緒的心。當我們談到心性時，我們談論的是某件超越這一切的事。因為心性與究竟實相，也就是空性，是無法分別的，它不再是有關思想、或希冀、或情緒經驗的過程，它超越所有這一切。因此，心性與究竟實相被稱為大手印，有那種非二元的感覺。要了解大手印，我們必須將它放在一般佛教傳統的背景來看。

佛教的究竟目的是要達到涅槃或證悟。獲得涅槃是由於已經清淨了心，已經克服了使心識受折磨的染污與煩惱。只要還存有染污，如瞋恨、嫉妒及各種自我中心的傾向，那麼有情眾生，包括人類，就會持續地經驗到不滿、沮喪與痛苦。

　　這些染污的存在，最初是因為，我們一般都是以一種非常誤導的方式來了解自己，來了解我們認為的自我本性。我們總是傾向於認為，我是永遠不變、永恆且不可改變的。基於這種思想概念，我們從一種非常穩固、不可改變、永恆自我的觀點來看每一件事。當然，關於自我的本性與靈魂的概念，這可以用各種哲學與宗教的觀念來表示，但它並不需要與哲學或宗教有任何關係。

　　即使我們不相信靈魂不滅，我們幾乎都會有一種想法：那就是「我」感受快樂，「我」感受悲傷，「我」經驗喜悅與不悅，並且有某種叫作自我的，能忍受我們所有的各種經驗。我可能感覺很好，或我可能覺得不好，或我變老了。我們有一種感覺，有一個實在的「我」在忍受所有這些經驗。在某種程度上，具有這些經驗的經驗者，比經驗本身更為永久。

　　當佛法談論無自我或無私時，不表示作為經驗事物的自我本身完全不存在。它當然是存在的。然而，我們說有某種叫作自我的，能永久存在，這種幾近本能的感

覺是一般的思想概念；自我，就像所有其他的事物，是無常的。我們必須從中道的觀點來了解我。佛教徒並不否定自我或我的存在，在相對的層次上我是存在的，但究竟實體的我，某種不變、永恆的我，則不存在。這不表示沒有自我，或這個自我完全是幻覺。

我想有些人是以那樣的觀點來解釋佛教的無私，或無自我的概念。佛教徒會說「我」是個「聚合體」（「蘊」梵文 *skandha*）。在某種程度上，我們往往認為，無論如何，自我是可以與我們的記憶、情緒、思想與態度區別的。不管怎樣，「我」保持在一段距離外，觀察這一切發生之事，或忍受這些經驗。但佛法說「我」就是記憶、思想、概念、情緒與態度。將它們放在一起，就得到一個「我」。若我們把它們都拿走，我們與我們的身體、記憶、思想、情緒、態度、背景與經驗完全分離，那還剩下甚麼呢？甚麼都沒有。在佛教中，我們如此地練習。我們是某件事物或某個人，正是因為我們有那些東西，它們形成一個聚合體。沒有它們，我們甚麼都不是。那就是空性。

有人說西方的思想談論自我，而佛教則教導自我不存在。但西方的心理學甚至沒有提到靈魂的概念，或任何不變的實體，因此是有些相似之處。西方心理學談到建立自我，而佛教教導如何破除我執。但佛教也談到建立自信與自我價值感，然而佛法不會說，由於經驗到無

我，我們覺得甚麼也沒有，覺得自己很糟糕。相反地，在了解「我」是無常之後，我們會得到一種真正的理解，「我」是可以轉化的，而非靜止不變的事物。

只要我們沒有這樣的理解，我們就會持續地抓取事物、把持事物、攀附事物，因為人類擁有這種傾向，執著「我」，自然就導致了執著其他的事物，在「我」之外的其他事物。只要人們有這種傾向，相信有一個永久的我，那麼自然地，我們就想要抹去任何會威脅「我」這個概念的事物，或追求那些可增進鞏固 「我」這個概念的事物。從執著「我」的概念，會發展出兩種根本傾向：瞋心與過度的欲望。瞋心是執著的一種形式。執著會化現為各類形式：執著對某人不滿的想法、執著於無法原諒、不能夠接受某些事情的概念、堅持我們對他人仇恨與不滿的感覺等。欲望可以是善或惡的，但是執著、抓取、渴求絕不可能是善的。至少從佛法的觀點，執著任何事物總是不健康的。但身為一個人，我們必須要有欲望才能運行。即使從心靈的觀點說，除非我們有坐在墊子上禪修的欲望，否則我們根本到不了任何地方。除非我們有欲望要獲得證悟，或成佛，否則我們永遠不會有成就。除非我們有欲望，否則無法達成任何事情。

從佛法的觀點，想擁有一個好的家庭，照顧我們的子女，與人擁有良好的關係，在生活上有好伴侶，有好職業，或甚至想要保有我們的工作，這些基本上沒有甚麼不對。

問題在於當這些欲望變得太誇張，當欲望發展成執著與抓取的形式，同時表現為渴求時，那就變成問題了。

我認為很重要的是，要了解這一個想法：佛教不提倡完全放棄欲望。佛教鼓勵的是，所有形式的渴求、抓取與執著，都是過度的欲望，應該要捨棄，因為它們最終會造成痛苦與不快樂。

我們認為執著或抓取會提昇我們的幸福。這種錯誤的想法來自於對「我」的誤解，認為我是永恆、持久的實體，而不了解「我」——正如同「我」所承受的經驗——是不持久且易變的，因此是短暫的。所以，如果我們要克服痛苦的經驗，我們就必須對心的本性，或自我的本性，有相當的體悟，因為只要我們執著於自我這個錯誤的概念，我們就會遭受到各種痛苦。

這是為甚麼禪修如此的重要。透過禪修，我們更充分地了解到這一切。當我們愈來愈察覺自己的傾向時，即使不刻意去停止某些習慣，它們自然也會減少。事實上，如果我們太過努力，想要拋棄某些習慣，它們只會變得更堅固。事實上覺知比過度的努力更重要。如果我們極力想要表示親切，到頭來我們會變得不親切！當我們覺知自己不夠親切時，我們自然就會變得親切，而不是過度努力想要表現親切。

我們必須正確地了解無常。對無常眞正的理解，來自於了解「我」的無常。我們視「我」爲不變的、永恆的，事實上它總是經歷著變化。這可看成一件好事。「我」的轉化可以眞實發生，因爲我不是某種永恆、不變的實體。否則，若眞實的自我不能改變，且是永恆的話，自我的任何改變或轉化只會是表面，而非眞實的。我們必須洞察自我本性的理由正是因爲，眞正持久的快樂來自於：洞察自我的本性、心的本性，及了悟不變、永恆、持久的自我是個錯誤的概念。

　　由於這錯誤的概念，產生了心的各種迷惑與煩惱，進而阻止我們體驗及感知實相。因此，從一開始，佛法就強調淨化心、斷除心的染污與煩惱及獲得適當自覺知的重要性，因爲這是唯一能獲致眞正持久快樂的方法。這同樣的重點存在於後來的大乘教法，並且也存在於大手印的教法中。

　　我重複地解說這些觀念，因爲只有在了解這些根本的佛教義理後，大手印的教法才有意義。佛法提到兩種遮障：所知障與煩惱障。我們的思想與情緒經驗是緊密相連的；我們無法將兩者分開。由於我們對自己的某些認知的錯誤觀念，例如某種持久、永恆的我的概念，各種煩惱情緒就隨之而來。當我們改變心的概念結構，情緒也會跟著轉化。

在西方，人們有個觀念，認為情緒與思想非常不一樣，且彼此相反。從佛法的觀點，這不是真實的。我們相信的事物及我們思惟的方式，會直接影響我們所經驗到的情緒。基本上，所有我們的信念都與自我這個概念密切相關。佛教徒會說，我們對事或人固執己見的態度 — 譬如對不同宗教信仰，或不同種族的人 — 反映出我們這個自我的概念。事物不是被認為具有威脅自我的概念，就是被認為可加強自我的概念。但這個持久、永恆、實體的自我觀念一旦被克服後，在概念及情緒的層次上，所有心染污的傾向就可減弱、平息。

心的本性，確切地說，與我們思惟的心本身沒有兩樣，然而它們卻不是同一個。無明的存在是因為我們沒有洞見心的本質。心的本質與我們所有的思想與情緒的本質並無不同；但因我們沒有洞見思想與情緒的本質，所以我們不能洞見心的本質。

我們如何洞悉心的本質呢？關鍵是覺知。禪修時，我們不應該想：「為什麼會想到這些瑣事？為什麼會生起這些情緒？為什麼會不斷生起惡的念頭與情緒？」不要去批判它們是不善或可怕的事，或它們是必須要斷除的，而只要覺知它們，這是大手印的方式。從大手印的觀點，如果我們批判某些事情是不善的、可怕的，那也是一種執著。我們應該只覺知禪修中所生起的一切。

心的本質完全不可分別，廣闊無邊，是生起所有經驗的根源。它不能分別的意義是，心的本質不像我們的思想與情緒，它不是一個存在實體。

通常它被比喻為虛空。虛空本身不是實體，但正是由於虛空，雲和其他的現象能夠生起。雲具有可定義的特徵，然而虛空本身沒有。但虛空是雲能出現的首要條件。有時，心與其本性被比喻為海洋表面的波浪與其深處。人們可以察覺海洋表層波浪的活動，但不能真正體悟海洋深處的靜止與無限。然而，波浪的本性與海洋深層的本性是同一回事，兩者都是水。

同樣地，我們的思想與情緒和心的本性具有相同的本質，但是由於無明，我們無法領略這一點。心理學家及其他人試圖要了解，心與其可定義的特徵，心與思想及情緒的關聯。但還有另一種理解心的方法，這與了解心的本性有關。

或許我應換一種說法，從大乘佛教的觀點，我們談到二諦，世俗諦與勝義諦。勝義諦是空性，即事物沒有持久的本質。沒有這樣一種物質，我們可以確認它為所有事物的本質。另一方面，這不表示事物不存在。例如我們看到的所有桌椅，其本質是空性。問題是我們無法領悟桌、椅的空性，我們沒有體會到它們缺乏持久的本質。要了悟這一點，我們必須要了解，空性不是存在於

所有這些物體之外，空性就是它們的本質。它與心一樣。
我們透過了解思想與情緒的本質，才能理解心的本質。

17

大手印禪修
《讓心安住於自然狀態》

　　大手印出自於兩個大乘佛教的思想潮流，一個是瑜伽行派，另一個是發揚究竟實相空性的中觀學派。在佛教傳統內，爲了要證得究竟眞理，或究竟實相，我們需要斷除心的染污與煩惱。要達到這個目的，最有效的方法是禪修。

　　我們已討論過兩種不同的佛教禪修：「奢摩他」（止）與「毘鉢舍那」（觀）。止的禪修是這樣的，心變得集中時，禪修者能夠進入不同層次的禪定，或無色定。散亂的念頭平息時，心可達到不同層次的定。一旦我們嫻熟「奢摩他」，若我們進行分析式的「毘鉢舍那」禪修，念頭不會再造成概念的迷惑，而會生起洞見。

　　透過「奢摩他」，心集中於外在事物或呼吸，我們可練習正念，而隨著正念，生起了正知。禪修練習時，

若不將心集中於呼吸或某種事物上，卻想著：「我只要覺察心中所生起的事物」，那不會有作用。那是爲什麼修持「奢摩他」非常重要，可獲得心的穩定。當正知從穩定的心與正念發展出來時，心的明分就會顯現。

佛教禪修與其他傳統的不同處，就在於「觀」的禪修。其他傳統也有止心的技巧，幫助心變得更爲集中。但只有經由「觀」的禪修，才能夠了悟沒有所謂持久或永恆的我，且在物質與精神現象，或物質與精神特性上，沒有持久的本質。

大手印也應用到「奢摩他」（止）與「毘缽舍那」（觀）這兩種不同的技巧，但不認爲經歷不同層次的無色定或禪定是重要的。對我們而言，心能穩定就足夠了。即使我們未能達到任何禪定的究竟境界，或未能獲致任何層次的無色定，只要心已變得穩定，且不易分心或受干擾，就可以進一步開始「觀」的禪修。

大手印「觀」的禪修與傳統的方式有很大的差異。在大乘傳統，行者通常使用分析的方法來了解一切事物均無本質，體悟存在於物質與精神界的每一件事物都是因緣的產物。這可導致對空性的概念性了解，轉而引導至對空性的直接體驗。但是大手印的教法說，若我們能專注於心本身，並了悟它的本性，我們就能了悟一切法的本性。

大乘經教的方法，通常使用外界現象作為禪修的對境，而大手印則使用心本身作為分析式禪修的對境。但即使與心有關，大手印並不分析心，以了解心的空性。相反地，經由冥想，讓心住於它的自然狀態，心就呈現出它自身具有的本性。因此，對於心的本性是空的這一事實，我們不需要有概念性的執著。若讓心住於它自然的狀態，且平息所有散亂的念頭，心性自身就展現出無持久的本質。

　　在正常的情況下，當禪修遇到不同的障礙時，我們可使用不同的對治法。根據大手印，我們不應太在意障礙，或太在意使用對治法以平息心。一般來說，禪修時生起的所有障礙，可劃分為兩類：昏沉及掉舉。

　　昏沉時，心不受散亂思想或煩惱情緒的干擾，但沒有清明的感覺。心變得遲鈍，有時候，跟隨而來的是困倦與昏昏欲睡。心的掉舉比較容易察覺，因為我們的心受散亂思想、分心、煩惱情緒等的影響。

　　在這些狀況下，大手印不使用對治法以制心，而建議兩種方法：放鬆與收緊。若心昏沉，我們應使用正念，將心收緊。我們應試著再次提起對禪修所緣境的正念感覺，不管它是什麼。若心焦慮不安，就不應過度使用正念，而應將心放鬆 — 從某種意義上說，即放下正念，或任何我們用來使心更為專注的方法。

這也可以應用於我們的姿勢。若心變得昏沉，我們應該挺直背脊，擴展胸部，並且收緊身體，但不要太過僵硬。如果心焦躁不安，就應放鬆我們的姿勢，如此我們感覺放鬆，並且應將心專注於身體的下半部。

「正念」的修持，藏文是「眞巴」（trenpa），字義上是「憶念」。禪修時，在正知生起之前，禪修者應學習如何專注心，這可經由正念的修習而達到。修持正念一段時間後，正念的結果，就會生起正知。

在大手印「奢摩他」的教法中，初修者可使用一些外物，如木條、石子或任何在我們視野內的物品，且專注於其上。每當分心散漫時，透過使用正念，我們要記住再回到禪修的對境上。修習一段時間之後，我們可以用自己的呼吸，作為禪修的對境。我們運用正念於呼吸的出入息。為了幫助這個過程，我們甚至可以數息，計數到五，或到十一，或任何我們選擇的數目。每一來回呼吸，呼與吸，算為一次。計數可幫助心專注於禪修的對境，此處就是呼吸計數。若思緒紛亂而忘了計數，我們便回到原點，重新開始計數。

當這樣做已有些成果時，我們可進一步使用心做為禪修的對境。念頭與情緒生起時，我們應努力保持住正念，不要將它們歸類或對它們批判，只要注意它們。能持續注意時，正念就會轉化為正知。因此，若心散亂，

你會正知到心散亂；若心恍惚或昏沉，你會正知那狀況；若心掉舉，你也會正知心掉舉。經由止禪修的練習，心變得更穩定。

當我們冥想心的本身，讓心住於其自然狀態時，除了心的穩定之外，還必須有明覺。僅僅心變得穩定是不夠的；明覺的存在也很重要。在大手印的教法，這些面向（分）被描述為「涅恰」（ne cha）—穩定的面向（住分），與「洒恰」（sal cha）—明澈的面向（明分）。一個穩定的心，若沒有明澈，那是不夠的。心的明澈與穩定兩者都必須存在。如果我們能繼續這樣貫徹，那麼即使有念頭與情緒生起，心的穩定與明澈也不會受到擾亂。

最好的禪修方式是，不管心是平靜或焦慮，都能夠保持心的明澈。禪修不意味著，一個人的心應永遠平靜，或沒有任何念頭與情緒。最究竟的目標是，縱使心馳動不停，心的穩定與明澈之感在那兒。因為我們的目的不是要斷除念頭與情緒，而是要在馳動及安住的狀態下都能夠保持那種正知感。大手印教法使用像是「涅 舉 瑞 孫」（ne gyu rik sum 住、動、明三）那樣的詞句。「涅」意指穩定的心，非焦躁不安；「舉」表示馳動的心，念頭與情緒生起；「瑞」的意思是明覺，那種心神明澈的感覺；「孫」的意思是三。所以，不論心是在安住，或是在馳動的狀態，正知明澈，沒有差異。

在達到那種狀態時，我們就能了悟自心本性。經由正知，我們了知心的本性具有空與明的雙重特質。就其空性面向而言，心的本性與非精神事物如桌、椅等沒有甚麼不一樣，因為桌、椅的本性是空性，而心的本性也是空性。但若從明的面向來看，心與非精神事物的本性是不一樣的。因為心的本性不僅是空，同時也是明。

從這觀點來看，禪修中，當心不分別馳動或安住的狀態時，就可領悟心的本性。這時，心留駐於它的自然狀態，而思想與情緒變為自解脫。

大手印教法中也說，我們不應認為一定要斷除念頭與情緒 — 尤其是負面的。若我們能了解這些念頭與情緒的本質，我們就能了解心的本質。大手印教法將心的本性與迷惑的關係比喻為從汙泥中綻放的蓮花，或在田野間使用的牛糞。正如同蓮花在汙泥中綻放，農夫使用臭氣薰天、令人厭惡的牛糞來耕作農地一樣，獲得智慧不是因為斷除了心的染污與煩惱，而是因為領悟了它們的真正本性。

有句藏文的說法「紐夢 潘哇 工柔那，耶謝 嘉位名樣玟」（*nyönmong pangwa gong rol na, yeshe gyawe ming yang me*）。「紐夢」的意思是「心的煩惱」；「潘哇」是「斷除」；「工柔那」表示「先前」；「耶謝」是「智慧」；「名樣玟」表示「甚至連名字都不是」。基本上，這可以譯作「已離棄或斷除心的煩惱與概念的迷惑，還

談不上叫智慧；明白了染污的本質才能證得智慧。」

　　那是為什麼在大手印的教法中，用到「平常心」（*thamal gye shepa*）這一詞。了悟心的本性，或佛性，與去除心內的任何事物不相干。它來自於了悟我們這個心的本性：這個可思想、決定、期盼及感受的心。具有思想、感覺和情緒不是問題，問題在於不了解它們的本性。透過禪修，心變得穩定，並且有一種明澈感。那麼，當心駐留於自身時，若念頭與情緒生起仍能保持正知，則念頭與情緒會顯露出心的本性，如同安住的心所顯露的一樣。

　　從大手印的觀點來看，重要的是不要強迫心變得更為集中。我們應只用非常溫和的方法，收緊與放鬆，如此心可以安住於其自然狀態。若我們試圖用專注的技巧，事實上心不會處於自然狀態。我們應該讓心安住於它的自然狀態，無有任何造作。

　　大手印教法的另一慣用語是「邦　浪　當　哲瓦」（*Pang lang dang drelwa*）。「邦」表示「捨棄」；「浪」表示「長養」；「當哲瓦」的意思是「離」；這句話的意思是：「遠離長養正面精神特質、及捨棄負面念頭情緒的這些想法」，我們的心應遠離這些牽掛。只要心被這些傾向所困擾，想要避開或捨棄那些我們覺得對心有害的面向，而且想要追求及長養對心善妙的面向，心就不會處於它的自然狀態，它的本性就會受到干擾而染污。

　　　　　　佛教的本質

所以，讓心自然安住，最單純的技巧應是：收緊或放鬆身心。即使這兩種不同的方法，也不應該過度費心或費力。另一句大手印教法的用語：「讓心不費力地安住於它的自然狀態」。不費力是指不批判、不思索那些生起的念頭與情緒，雖然它們在某種程度上干擾了心，或擾亂了禪修；但應知道只要心集中，並且有正知的感覺，則不管心內生起甚麼 —— 無論心是在穩定且安住的狀態，或在生起念頭情緒的馳動狀態 —— 我們皆可證悟心的本性。

　　如此，在大手印教法中，止與觀一起修習。起初先修止以穩定心，然後逐漸地將我們的集中力從禪修的對境，如外在的事物或呼吸，轉移到心自身，就可開展明的面向。禪修時，這兩個面向是並存的：穩定的心，同時是明澈的。在正知並未忘失的情況下，即使念頭與情緒生起，心是穩定的。心的穩定性並不是由念頭與情緒的有無，而是由正知的存在與否來斷定。這時心性的第三面向 —— 樂 —— 就會顯現。

　　究竟上，心性有三種功德。首先是空，其次雖然空卻明澈，不像事物或實體的空性。第三，當我們的心穩定，且即使心中忙碌著念頭與情緒，卻還能保持正知時，就會體驗到樂。禪修時，穩定與明澈確立後，樂隨之而現，因為縱使生起念頭與情緒，我們的心已經不再受到擾亂。這是樂的面向。顯然地，那不表示我們會變得「欣喜若狂」。

依大圓滿的教法，它有時也被稱爲「瑪哈阿底」（梵文 *Maha Ati*），心性有空、明與能（能生力 *creativity*）三個面向。心性可以是空與明，但不意味著念頭與情緒就停止生起，不再與我們有任何關係。禪修多年，不表示心中的念頭與情緒就停止不再生起，只是它們不會再擾亂到心而已，這被視爲「能」的面向，大圓滿稱之爲「扎」（*tsal*），意思是我們經驗的「能生力」。每一件輪迴與涅槃經驗的事物，都來自心的能生力的面向，從這意義上來說，心是所有善與惡經驗的作者。如同薩惹哈（*Saraha*）所說：「心的本性是所有創造者之王，因爲所有輪迴與涅槃的經驗都由它生出。」任何事物均與心相依；即使我們對外界的感知，也是依賴著心。

心性自身被稱爲大手印，因爲「瑪哈目札」（*mahamudra*），或「大印」，意思是無一物存在於它之外。所有事物皆包含於大手印自身之中，因爲物質與精神現象的空性相同。它涵括一切。

大手印四瑜伽

由於大手印道提倡的是頓悟道，而非漸修道，所以通常說，一個人若保持在心的本然狀態，就會在那瞬間了悟大手印。這類的說法應修正爲，已洞見心性的大手印修行者，並不一定洞察最終的佛果。這樣的修行者，仍需深化這種了悟。正如同日常生活中的大部分事情，

我們可能了解某些事情的重要性，但初期的認識並不足以支撐我們；這種初步的認識必須再經後續的開展，加以長養、孕育，讓它生起作用；如此一來，時間久了，它就轉為成熟。基於這理由，大手印傳承列入「四瑜伽」的觀念：專一瑜伽、離戲瑜伽、一味瑜伽與無修瑜伽。

1. 專一瑜伽：經由「息涅」或「奢摩他」的修習，可以達到專一瑜伽。我們都知道，我們的心始終處於焦慮不安的狀態：狂亂、快速下判斷且思想與行為衝動。透過止的修習，這些心理狀況與行為變得穩定。

開始時，我們的心被比喻如瀑布：我們控制不了，無法決定應相信甚麼，或選擇經驗那種情緒。它們被看作是被給予的、早已存在的狀態。經由止的禪修，我們較能覺知這種存在的狀態；藉著正念的修持，我們開始更能正知自己，不僅是我們的意見、情緒、態度和感覺，還有我們的行為。這些內在的精神狀態被轉化為我們外在的身體行為。我們可以觀察，哪些是對我們的成長有益的精神狀態，而哪些是無益的狀態；它們如何產生害怕、焦慮、沮喪或感覺自己一無是處。

能夠正知這些精神狀態與行為，我們就更能控制，而不會受制於我們的感覺、情緒、思想與態度。因為我們學會更靈活，更能接納，且通常較不偏執，心變得更穩定與放鬆。輪迴的心是一種偏執的狀態，由於它特有

的害怕、焦慮以及不安，總是擔心他人對我們的想法，他人是否正確地了解我們或感謝我們等等。

透過止的禪修，我們所懷有的這類想法可以平息。因此，洶湧奔流的瀑布減弱爲蜿蜒的河流。我們的思想與情緒流得更爲平緩，而且它們的影響，不像過去那麼劇烈。因此，我們學會如何處理並表達我們的思想與情緒，而我們的禪修變成自灌頂的一種方法。我們不再是自己思想與情緒的受害者，事實上，我們學會如何與它們共事。如同潺潺流動的河水，我們學會如何與我們的思想與情緒共同流動，而不會被潮流帶走。

最終，由於「息涅」（止）的修持，達到專一的境界，我們了悟這些思想與情緒，是從我們的本然狀態生起，又消散回到我們的本然中。這就像所有不同的河川流回到共同的終點 — 海洋。我們可能各自有怪異、個別的思想、情緒與感覺，但它們全都具有相同的根源，且全都消散回我們自己的本然中。因此偏執的輪迴心，若不是停止運作，就是不再具有持久的影響力。

如前所述，在大手印禪修，行者不排斥思想與感覺，但要覺知它們，且與之共處。同時知道，所謂的精神染污，源頭事實上就在我們的本然中，知道它們消散回到本然中，讓我們對自己有信心，負面的思想與情緒不再有力量可擾亂我們。我們眞正能平靜面對自己，專一瑜

伽就是如此達到的。

2. 離戲瑜伽：不僅是要克服與我們情緒與感覺經驗有關的禁忌與限制，且是要解決我們如何思考、思考甚麼、相信甚麼及我們信賴甚麼等相關的問題。如教法所言，情緒與感覺的經驗使我們陷入輪迴狀況，這表示我們可以從強加於自我的束縛中找到解脫。但我們需更進一步，要獲得全知，修行者不僅必須學習克服煩惱障，還要克服所知障。

依據佛法，包括大手印在內，身為人類（不是指任何特定種族、宗教或文化的成員），我們都有許多錯誤的觀念。舉例說，任何地方的任何一個人，都會有個想法，認為有個自存、不容置疑的我；或可能相信政治或宗教的觀念與體系為永恆、真實持久，且脫離具體、個別、社會、環境與政治的狀態。現在，根據這些教法，我們所相信的或特別喜歡的，沒有一件事物有本俱的實體。

在離戲瑜伽的這個層次，並不是要求我們停止思想，或要求我們不要相信任何事物；而是要求我們必須放棄對於我們相信的事物的執著。在西方，我們可能相信女權主義或民主這類事物，但作為佛教徒，雖然我們可能贊同一些我們感到親近且有好感的想法，但究竟上，我們對它們不應武斷。所有問題或想法取決於外在因素，例如當時的文化、社會、宗教或政治環境。

這是為什麼早期佛教本身，被稱為是用來橫渡輪迴大海的木筏。木筏雖然重要，但是到達彼岸更為重要。離戲瑜伽的意思是，修行者學習如何超越矛盾的信仰；除了能夠同意某一部分並否定其他部份之外，還要能超越所同意的那一部分。身為佛教徒，我們相信解脫或佛果，然而即使是這個信仰，也是我們要學習超越的事物。

3. 一味瑜伽：這涉及到親身體會，有情世俗的偶然狀態，與自由覺醒的解脫、無染、無瑕狀態兩者的共存。在獲得專一狀態且證得離戲之後，行者必須了解他仍然受制於因緣。換句話說，我們仍必須與現象界共事。我們必須在一個十分具體、明顯的物質環境中，處理社交議題、個人問題、政治議題以及心靈成長。我們澈悟那環繞並包裹我們的物質世界，與那心靈的超越世界，並非是分離且獨立的。

究竟真理（勝義諦）存在於我們所接觸的每一事物。必須要強調的是，我們在離戲瑜伽所了悟的，並未讓我們忽視這個世界，或忘掉我們在這世界的經驗，把它們當作毫無意義。經驗的世界與超越的世界具有相同的體性，因為究竟真理存在於兩者以及我們所有的經驗中。這是說，不論迷妄或證悟，只有一種風味，一味。

4. 無修瑜伽（或不需再學習的瑜伽）：它指的是證悟的境界，且這瑜伽是不言自明的。一個人不再行於道

上：旅者終於回到家了，抵達他的目的地，而且了悟究竟真理。然而，我想要指出，證悟佛果，並且了悟諸法的究竟本質，不表示證悟者不需要正式地去學習任何事情，如法文或者有關康德（Kant）的哲學。了悟實相本質，與了解日常生活中經驗層次的事物，相當不一樣。當然，如上面一味瑜伽中提到，這兩種世界不是對立的。很明顯地，證得究竟實相的人並不會自動精通各種領域的知識。因此，「無修」僅僅表示關於存在的真實本性，已不再有任何需要學習的事物。

最後，雖然大手印傳承被認為與經教大乘和密續大乘不一樣，達波札西南嘉（Takpo Tashi Namgyal）在《月光大手印》一書中清楚敘述，大手印的方法可以獨立於密續之外修持，不需要領受密續正式灌頂，或甚至結緣灌頂。這是獨特的修持方法，可以引領修行者達到究竟證悟。的確，行者從事密續修持以了悟大手印，但大手印不使用本尊修持、觀想或咒語持誦。大手印修持的取向，在於了悟自己的真實本性。如是，達波札西南嘉等人清楚表示，大手印可以在密續大乘之外獨立修持與養成。

然而必須強調的是，大手印經常與經、續大乘同時並修。達波札西南嘉也指出，雖然大手印體系本身屬於達到證悟的頓悟道，但在它自身的體系內，它是漸進的。這種理解是依據大手印的四瑜伽。四瑜伽體系可以用先前敘述過的菩薩的五道十地來理解。經教體系的資糧道

與加行道，對應於專一瑜伽；離戲瑜伽對應於見道；一味瑜伽對應於經教體系的修道；無修瑜伽則對應於菩薩的第九與第十地，或無修道，而達到最高點的第十一地，等同於證悟佛果。

總言之，我們可體會全部佛教哲學與修持領域的整體本質，但同時就見地與修持而言，存在著多樣化與差異性。我認為非常重要的是，要理解潛在意義上的統一性，不要認為佛教的某一特殊宗派，或某類修持法門彼此互相牴觸。密續本尊的觀想是正規的禪修方式，這在佛教典籍內清楚記載。專注本尊的觀想是「奢摩他」禪修的一部分；觀想本尊為半透明且無真正實體，是「毘缽舍那」禪修的一個面向。佛教典籍清楚指出，但卻為一些人所不了解，其中重要而應理解的是，在佛教的整個歷史中，教法是如何從一種形式發展為另一種形式，而不應認為它曾經歷過巨大的變革。

佛教的本質 《佛教哲學與大手印導引》

作　　　者：查列嘉貢仁波切
中　　　譯：噶瑪策凌卻準
出　　　版：方廣文化事業有限公司
住　　　址：台北市大安區和平東路一段177-2號11樓
電　　　話：886 2 2392-0003
傳　　　真：886 2 2391-9603
劃撥帳號：17623463 方廣文化事業有限公司
電子信箱：fangoan@ms37.hinet.net
設　　　計：鎏坊工作室
經 銷 商：飛鴻國際行銷有限公司
電　　　話：886 2 8218-6688
傳　　　真：886 2 8218-6458
出版日期：西元2015年8月　初版1刷
定　　　價：新台幣320元 (精裝)
行政院新聞局出版登記證：局版臺業字第六〇九〇號

THE ESSENCE OF BUDDHISM
by Traleg Kyabgon Rinpoche
Copyright © 2001 by Traleg Kyabgon Rinpoche
Published by arrangement with Shambhala Publications, Inc.
Horticultural Hall, 300 Massachusetts Avenue, Boston, MA 02115, U.S.A.,
www.shambhala.com
through Bardon-Chinese Media Agency
Complex Chinese translation copyright © (year)
by Fangoan Enterprise Co., Ltd.
ALL RIGHTS RESERVED

No：M019　ISBN：978-986-7078-64-3　　　*Printed in Taiwan*

國家圖書館出版品預行編目資料

佛教的本質<<佛教哲學與大手印導引>> / 查列嘉貢仁波切(Traleg Kyabgon)作；
噶瑪策凌卻準中譯. -- 初版. -- 臺北市：方廣文化, 2015.08
　　面；　公分
譯自：The essence of Buddhism : an introduction to its philosophy and practice
ISBN 978-986-7078-64-3(精裝)
1.藏傳佛教　2.佛教教理　3.佛教哲學

226.961　　　　　　　　　　　　　　104008433

方廣文化出版品目錄〈一〉

方廣文化出版品目錄〈二〉

夢參老和尚系列

書籍類

● **楞嚴**
LY01 淺說五十種禪定陰魔 ─《楞嚴經》五十陰魔章
LY03 楞嚴經淺釋（上冊）─〈七處徵心‧十番顯見〉

● **天台**
T305 妙法蓮華經導讀

● **開示錄**
S902 修行
Q905 向佛陀學習【增訂版】
Q906 禪‧簡單啟示【增訂版】

DVD
D-1A 世主妙嚴品《八十華嚴講述》(60講次30片珍藏版)
D-501 大乘大集地藏十輪經 (上下集共73講次37片)
D-101 大方廣佛華嚴經《八十華嚴講述》
　　　　(繁體中文字幕 全套482講次 DVD 光碟452片)

CD
P-05 金剛般若波羅蜜經 (16片精緻套裝)

錄音帶
P-02 地藏菩薩本願經 (19卷)

方廣文化出版品目錄〈三〉

方廣文化出版品目錄〈四〉

方廣文化出版品目錄〈五〉

方廣文化事業有限公司
http://www.fangoan.com.tw